Klaus Rottmann

Küss mich jetzt!

Klaus Rottmann

Küss mich jetzt!

… denn das Glück kommt
nicht von alleine!

Motivation zur
bewussten Entscheidung

Bibliografische Information der Deutschen Nationalbibliothek:
Die Deutsche Nationalbibliothek verzeichnet diese Publikation
in der Deutschen Nationalbibliografie; detaillierte bibliografische
Daten sind im Internet über http://dnb.d-nb.de abrufbar.

© 2013 Klaus Rottmann
Bildnachweise/Urheberrechtsvermerk: s. S. 148
Satz, Umschlaggestaltung, Herstellung und Verlag:
BoD – Books on Demand
ISBN: 978-3-7322-7612-7

Inhalt

Einleitung		7
Kapitel 1:	Stunde null	9
Kapitel 2:	Wünsche	16
Kapitel 3:	Glück	41
Kapitel 4:	Gesundheit	53
Kapitel 5:	Geld	64
Kapitel 6:	Zweifeln	75
Kapitel 7:	Herausforderungen	90
Kapitel 8:	Verantwortung	118
Kapitel 9:	Positiv	123
Kapitel 10:	Entscheidung	130
Nachtrag		144
Bildnachweise/Urheberrechtsvermerk		148

Einleitung

Entscheidungen gehören zu unserem Leben wie das Salz zur Suppe, wie die Sonne zur Erde, wie das Licht zum Schatten. Warum fällt es uns dennoch häufig so unglaublich schwer, uns zu entscheiden – uns richtig zu entscheiden, für unser persönliches Glück?
Die meisten von uns sind schon oft in Situationen gewesen, in denen sie sich entscheiden mussten, aber eigentlich gar nicht entscheiden wollten. Viele Menschen haben sich im Laufe ihres Lebens ein bestimmtes Entscheidungsverhalten zugelegt, sie folgen einem „Entscheidungsmuster", von dem sie sich nur schwer wieder lösen können. Oft treffen sie, geprägt durch ihr gewohntes Muster, die falschen Entscheidungen. Sie suchen ihr Glück an der falschen Stelle, begehren zum Beispiel immer wieder den für sie falschen Partner. Dies zieht sich dann oft wie ein roter Faden durch ihr ganzes Leben und am Ende, im Alter, sind Sie verbittert und frustriert.

Das muss nicht sein, denn es geht auch anders. Je eher Sie Ihr Entscheidungsmuster erkennen, desto schneller werden Sie erkennen, welches die richtigen Entscheidungen für Sie sind. Die richtigen Entscheidungen für ein glücklicheres Leben – für Ihr glückliches Leben.

Dieses Buch wird Ihnen helfen, Ihr persönliches Entscheidungsmuster zu erkennen, sodass Sie die für Sie richtigen Entscheidungen treffen können.

Ach ja, seien Sie nicht allzu überrascht, wenn Sie in diesem Buch keine klassische Feingliederung der Themen finden. Darauf habe ich ganz bewusst verzichtet. Denn auch im richtigen Leben sind die Situationen, in die wir Tag für Tag geraten und in denen wir uns entscheiden müssen, bunt miteinander vermischt.

Ich wünsche Ihnen viel Spaß beim Lesen und natürlich viel Glück bei Ihren weiteren Entscheidungen.

Stunde null

Die erste Entscheidung in unserem Leben haben wir nicht selbst getroffen.
In der „Stunde null" unseres Lebens haben sich unsere Eltern bewusst oder unbewusst für uns entschieden.

Aber nun, wo wir schon einmal da sind, können wir ja ruhig damit anfangen, unsere Entscheidungen bewusst selbst zu treffen.
Sie werden nun lautstark protestieren: Klar treffe ich meine eigenen Entscheidungen, immer!

Wirklich? Und vor allem: immer bewusst selbst?

Wie schnell passiert es doch, dass wir uns von anderen beeinflussen oder – schlimmer noch – manipulieren lassen. Das für mich beste Beispiel ist hier die Werbung. Wie oft hat uns diese wohl schon getäuscht und beeinflusst?
Nicht umsonst sind die Produkte mit dem Apfel-Logo ja so „in" und dies, obwohl wir wissen, dass es auf dem Markt wesentlich günstigere und vor allem leistungsstärkere Alternativen gibt.

… ja, ja, so ist das mit den eigenen Entscheidungen in unserem Leben.

Aber zurück zu unserer Stunde null. Wir sind nun zwar geboren, aber noch lange nicht in der Lage, auch nur eine Entscheidung bewusst selbst zu treffen oder auch nur ein vernünftiges Wort zu äußern. Es wird noch Jahre dauern, bis wir es schaffen, durch unsere eigenen Gedanken Entscheidungen für unser zukünftiges Glück zu treffen. In der Zwischenzeit treffen andere, vornehmlich unsere Eltern, die richtungsweisenden Entscheidungen für uns. Ganz gleich, was bis heute passiert ist, ganz gleich, welche Entscheidungen bis heute getroffen wurden, von Ihnen oder von anderen:

Heute ist Ihre nächste Stunde null, *heute* ist Ihre große Chance auf ein glücklicheres und selbstbestimmteres Leben. Warum? Weil Sie ab heute nur noch eigene und bewusste Entscheidungen treffen sollten!

Eine der größten Herausforderung in unserem Leben ist es – und wird es auch immer bleiben, in jeder Situation stets die richtigen Entscheidungen zu treffen.

Eine Herausforderung, der wir uns Tag für Tag und immer wieder aufs Neue stellen müssen. Dies gilt für die kleinen genauso wie für die großen Entscheidungen: Mal gewinnen wir, mal verlieren wir – nur sollten wir bei den wirklich wichtigen Entscheidungen in unserem Leben stets darauf achten, dass wir uns immer richtig entscheiden.

Es gibt Tage, da fällt es uns ganz leicht, glücklich zu sein. An anderen Tagen wiederum will einfach nichts so recht gelingen, da könnten wir glatt 1000 Frösche knutschen und dennoch käme keine Prinzessin oder

Prinz zum Vorschein. Wir gehen in unserem Leben durch viele Türen, einige öffnen sich von selbst, andere müssen wir erst aufmachen. Einige dieser Türen lassen sich leicht, andere nur unter erheblichem Kraftaufwand öffnen. Dann gibt es noch Türen, die wir besser nie geöffnet hätten, und es gibt solche, durch die wir erst zögerlich treten, jedoch im Nachhinein froh darüber sind, es getan zu haben.

Was bringt uns eigentlich dazu, die eine Tür zu öffnen und an der anderen vorbeizugehen?

Wie heißt es doch so schön: „Wir haben die Qual der Wahl", oder, um beim Thema zu bleiben:

„Wir müssen uns schon entscheiden."

Wo liegen nun unsere Ziele und Wünsche? Hinter jeder Veränderung oder persönlichen Weiterentwicklung stecken Entscheidungen, Entscheidungen, die ich treffen muss, und zwar ich ganz alleine. Auch dann, wenn ich Berater zur Seite habe, die damit ihr Geld verdienen, oder Freunde und Bekannte, die einem mit ihrem Rat behilflich sind.

Letztendlich jedoch trifft jeder für sich selbst die wichtigen und richtungsweisenden Entscheidungen in seinem Leben – und sei es, dass er sie in die Hände anderer legt.

Auch in diesem Fall habe ich mich entschieden, und zwar dafür, dass ich mich nicht entscheiden möchte …

Chancen, Veränderungen, Entscheidungsverhalten, Lebensziele und unser persönliches Glück sind Themen dieses Buches – und damit unseres Lebens.

Dies ist zwar kein Roman mit einem James Bond als Hauptdarsteller und kein Krimi nach Agatha Christie, aber spannend und aufregend wird es auf jeden Fall, wenn wir uns einmal mit unserem persönlichen Glück und den damit verbundenen Entscheidungen näher befassen.

… 007 lässt grüßen. ☺

Denn das ist schließlich die Realität, hier geht es um nichts Geringeres als Ihr reales Leben im Heute, Hier und Jetzt.

Ein Leben, welches einmalig und einzigartig ist. Ein Leben, welches Sie so nur einmal erleben werden, in dem Sie aber nahezu alles erreichen können.
Können, wenn Sie es wollen.
Sich einmal die Zeit für sich selber nehmen, sich einmal intensiv mit sich und seinen eigenen Lebenszielen beschäftigen, dies ist die wichtigste Entscheidung, die Sie für sich treffen sollten!

Hier führen Sie Regie, und zwar die Regie über Ihr eigenes Leben!

Wünsche

Oft haben wir viel zu viele Wünsche und Ziele auf einmal. Können uns nie so recht entscheiden: Lieber diesen oder doch erst den anderen Wunsch zuerst realisieren, oder am besten alle auf einmal?

Bevor Sie jedoch  weiterlesen, sollten Sie, falls Sie dies noch nie gemacht haben, sich einmal Ihre Wünsche notieren …

Sie haben keine Wünsche? Soll heißen: Sie sind wunschlos glücklich?

Herzlichen Glückwunsch, dann gehören Sie einer kleinen Minderheit auf diesem Planeten an!

Falls Sie jedoch Wünsche und Ziele haben, dann schreiben Sie diese bitte jetzt einfach einmal auf.

Meine Wünsche sind ...

....
....
....
....

Notieren Sie sich Ihre Wünsche und Ziele. Schlafen Sie eine oder auch zwei Nächte darüber und lesen Sie sich Ihr Notiertes noch einmal sorgfältig durch.
Stellen Sie sich dann die Frage: Sind das wirklich meine Wünsche? Will ich diese Dinge wirklich? Oder sind es nicht doch eher mir von außen eingeimpfte, eingeredete Wünsche. Bei der heutigen Informationsflut ist das nicht immer ganz leicht zu unterscheiden. Sie gehen in die City zum Einkaufen, Sie sehen die vielen schönen Sachen: die Werbung, die Plakate mit den gut aussehenden Models. Sie werden umworben und umgarnt. Selbst die Musik im Aufzug soll Sie in Kauflaune bringen. Wer trifft hier die Kaufentscheidung?

Nicht umsonst ist die Werbebranche der Bereich, in dem das meiste Geld verdient wird. Treffe ich eine Kaufentscheidung, merke ich oft viel zu spät, ob ich dies oder jenes auch wirklich selber gewollt habe. Aber da hat die „Werbefalle" auch schon zugeschnappt. Ich brauche nur meine eigenen Schränke aufzuräumen, um mit Erschrecken festzustellen, wie oft auch ich in die Werbefalle gegangen bin. Dagegen ist halt niemand völlig immun. Machen Sie sich das jedes Mal bewusst, vor allem dann, wenn das zur Verfügung stehende Geld mal knapp ist.

Wenn Sie sich aber wirklich darüber im Klaren sind, dass die notierten Wünsche *Ihre* Wünsche sind, die Sie zu einem glücklicheren und fröhlicheren Menschen machen werden, dann entscheiden Sie sich ganz bewusst dafür, diese Wünsche auch anzugehen, etwas zu kaufen, zu unternehmen oder sich zu verändern.

In der Physik heißt dies Spannungsausgleich, für mich bedeutet es in dem hier gemeinten Zusammenhang, unseren inneren Seelenfrieden herzustellen.

Um einen Ausgleich zu schaffen zwischen dem Wunsch und der Wunscherfüllung, ist es wichtig, rechtzeitig einen solchen Spannungsausgleich zu finden, und zwar bevor es zu einer ernsthaften Erkrankung Ihres Gemütszustandes kommt. Denn auf lange

Sicht führt ständige Unzufriedenheit bei jedem von uns zu einem Ungleichgewicht, im schlimmsten Fall sogar zu Depressionen.

Wenn es zum Beispiel Ihr Wunsch ist, einen neuen Beruf zu erlernen, erkundigen Sie sich, wo dies möglich ist. Sammeln Sie Informationen, schreiben Sie auf, welche Veränderungen damit auf sie zukommen.

Wollen Sie diesen neuen Beruf wirklich ergreifen, mit allen Konsequenzen, die das mit sich bringt?

Nutzen Sie die Möglichkeit, mit Tabellen zu arbeiten, in die linke Spalte „Pro", schreiben Sie, was dafür-, in die rechte Spalte „Contra", was dagegenspricht, diesen Schritt zu wagen. Was sind die positiven, was sind die negativen Auswirkungen dieser Entscheidung?

Beschäftigen Sie sich intensiv mit Ihren Wünschen und suchen Sie die Nähe zu Personen, die Ihnen dabei weiterhelfen können. Dies können Berufsverbände oder gleichgesinnte Menschen sein. Surfen Sie im Internet und nutzen Sie das Wissensangebot der heutigen Zeit. Nie war es leichter, an Informationen zu gelangen.

Bei einigen Dingen im Leben fällt es uns gar nicht so schwer, uns zu entscheiden. Leicht geht uns dann ein Ja über die Lippen. Als ich einen super Auftrag angeboten bekam, mit einer sehr guten Bezahlung, ja, da fiel es mir sehr, sehr leicht, mit einem Lächeln schnell Ja zu sagen. Als mir jemand an der Haustür eine Versicherung aufschwatzen wollte, kam mein Nein sehr deutlich und dazu noch mit einer sehr grimmigen Miene über meine Lippen.

Als ich mich jedoch bei meiner eigenen Berufswahl festlegen musste, fiel mir das schon wesentlich schwerer. Das Ganze war schließlich eine weitgreifende Entscheidung, die mein ganzes weiteres Leben stark beeinflussen sollte. Sicherlich, viele Entscheidungen lassen sich wieder korrigieren. Wenn wir zum Beispiel später feststellen, dass der gewählte Beruf nun rein gar nichts für uns ist und unsere Berufung in einer ganz anderen Ecke zu suchen ist.
Auch viele bekannte Schauspieler und andere Prominente entdecken ihren Wunschberuf, sprich ihre Berufung, meist erst viel später.
So fing auch Stefan Raab zuerst in der Metzgerei seiner Eltern an und Dieter Nuhr hat sich nach seinem Studium als Lehrer versucht, bevor uns nun beide mit ihren Auftritten im TV unterhalten.

Gelegentlich ist es sinnvoll, einen Umweg zu gehen, um zu erkennen, was wir uns wirklich wünschen. Aber wir verlieren durch unsere Umwege und Fehlentscheidungen Zeit, Zeit, die wir eigentlich sinnvoller nutzen können, um unseren wahren Zielen und somit auch unserem Glück schneller näherzukommen.

„Unsere Lebenszeit ist nun einmal begrenzt und endlich."

Unsere Lebenszeit ist das wertvollste Gut, was jeder Einzelne neben seiner Gesundheit besitzt!

Glauben Sie an eine Wiedergeburt nach dem Tod? Wenn ja, dann gehören Sie zu den Menschen, die sich zu Lebzeiten etwas mehr Zeit lassen können. Wir anderen müssen da schon ein wenig „auf die Tube drücken".

Kennen Sie die Geschichte von dem Mann, der im Wald mit einer stumpfen Säge die Bäume fällt und für einen Baum ewig lange Zeit braucht? Als er gefragt wird, warum er nicht die Säge schärft, antwortet er nur: „Ich habe keine Zeit dazu."

Sollte ich studieren oder nicht besser einen handwerklichen Beruf erlernen? Oder wäre nicht eine kaufmännische Lehre genau das Richtige für mich?

Aus heutiger Sicht bin ich mir auch nicht mehr ganz so sicher, ob es damals wirklich meine eigene Entscheidung war oder ob nicht doch die Beeinflussung von

Eltern und Freunden bei meiner Berufswahl eine viel größere Rolle gespielt hat.
Mit Sicherheit wäre mir meine Entscheidung damals wesentlich leichter gefallen, wenn ich mir mehr Gedanken über meine Lebensziele gemacht hätte.

„Hätte" ist ein sehr negatives Wort: *Hätte* ich mir bei meiner Berufswahl mehr Zeit gelassen, *hätte* ich keinen zweiten Beruf lernen müssen, *hätte* ich nicht dies oder hätte ich nicht jenes …

Es ist für mich eines der „negativsten" Wörter, die ich kenne. Durch das Wort „hätte" drücke ich meist aus, dass ich bei vergangenen Entscheidungen etwas falsch gemacht habe.

Mit 16 Jahren hat man vieles im Kopf, aber nicht unbedingt „Lebensziele", zumindest hatte ich es nicht.
Auch wäre es für mich vielleicht einfacher gewesen, zu einem Entschluss zu kommen, wenn ich schon damals etwas über Methoden zur Entscheidungsfindung gehört hätte – und schon wieder „hätte".

Oft sind viele unserer täglichen Entscheidungen geprägt von Unentschlossenheit und Selbstzweifel. Wir wollen uns einfach nicht festlegen, uns noch ein Türchen offenhalten, um uns gegebenenfalls in letzter

Sekunde schnell noch einmal anders entscheiden zu können.

Schauen Sie sich doch einmal in Ihrem eigenen Umfeld um, hier finden Sie bestimmt schnell einige Personen, von denen Sie sagen, ja genau der, er ist dieser Typ, er kann sich eigentlich nie so richtig entscheiden.

Wollen Sie einmal einen Termin mit ihm oder ihr vereinbaren, können er oder sie sich nicht festlegen. Fragen Sie ihn oder sie, was sie gern essen möchten, kommt ein „Ich weiß nicht so recht", und dieses Verhalten zieht sich wie ein roter Faden durch das Leben dieser Personen, unentschlossen und schwerfällig.

Bei vielen kommt noch hinzu, dass sie immer das Optimum aus einer Situation, einer Entscheidung oder einem Geschäft herausholen möchten. Sie sind so sehr damit beschäftigt, ein Schnäppchen machen zu wollen, dass sie gar nicht merken, wie ihnen dies am Ende ihre Lebenszeit klaut.

Geiz ist nicht geil!

Wir haben, jeder für sich, nun einmal ganz individuell nur eine begrenzte Zeit im Leben zur Verfügung. Wollen Sie diese, Ihre doch so kostbare Zeit, denn wirklich mit „Schnäppchenjagd" verbringen? Stunde um Stunde bei Ebay surfen?

Natürlich möchte auch ich mich nicht bei einem Geschäft oder bei sonstigen Entscheidungen über den Tisch ziehen lassen. Aber wir sollten uns darüber im Klaren sein, dass wir immer, wenn wir uns nicht entscheiden können, Zeit verlieren. Zeit, die wir viel sinnvoller in unsere Zielerreichung investieren könnten.

Na gut, wenn Ihr Lebensziel „Schnäppchenjagd" ist, ist das in Ordnung, dann haben Sie ja ein Ziel – und wieder 10 Cent gespart ... Hurra!

Aber warum verhalten wir uns so?

Sicherlich keine einfache Frage, die sich mit Sicherheit auch nicht leicht und in nur einem Satz beantworten lässt.

Jeder, geprägt durch seine Gene, sein Umfeld und seine bisherigen Erfahrungen, wird diese Frage sehr unterschiedlich beantworten.

Auch wenn wir alle der Gattung Mensch angehören, so unterscheiden wir uns nicht alleine durch unseren Fingerabdruck und unsere Gene. Jeder von uns ist ein einzigartiges Individuum.

Das macht die Welt bunt und interessant! Und das ist auch gut so!

Und da jeder für sich einzigartig ist, treffen wir allein für uns unsere Entscheidungen, einzeln und jeder für sich.

„So, wie wir entscheiden, so sind wir!"
Entscheiden Sie sich für Ihr Glück und folgen Sie Ihren Wünschen und Ihren Zielen! Wenn Sie sich nicht für sich entscheiden, wer dann?

Wenn nicht jetzt, wann dann?
Denn das ist Ihre Stunde, Ihre beste Stunde.

Um unser Entscheidungsverhalten besser verstehen zu können, ist es erforderlich, sich erst einmal mehr Klarheit darüber zu verschaffen, wer ich nun eigentlich bin, jetzt, in diesem Moment, im Heute, Hier und Jetzt.

„Lerne dich kennen" – das bedeutet auch, wirklich einmal ehrlich zu sich zu sein. Ich persönlich finde diesen Punkt mit am wichtigsten und zugleich am schwierigsten zu beantworten.

Bin ich wirklich jemand, der ehrlich zu sich ist? Bin ich ein introvertierter, in sich gekehrter Mensch oder eher extrovertiert, jemand, der sich gern anderen mitteilt und viele Menschen um sich herum braucht?

Bin ich zufrieden oder eher unzufrieden? Bin ich zuverlässig oder eher der unverbindliche Typ, der seine Freunde auch gern schon einmal warten lässt?

Wer sieht sich nicht viel lieber in einem besseren Licht? Wer gesteht sich schon gern seine kleinen und größeren Fehler ein?

Gelegentlich sind wir geblendet von Menschen, die mit einem scheinbar grenzenlosen Selbstvertrauen und mitunter einer unglaublichen Arroganz durchs Leben schreiten.

Zum Teil bewundern wir sie für ihr Auftreten.
Aber ich kann Sie beruhigen, auch diese Menschen verrichten alle Dinge im Leben genauso wie Sie und ich.
Sie müssen essen und schlafen wie jeder andere auch.

Diese Menschen haben es jedoch gelernt und sich zunutze gemacht, andere durch ihr Auftreten so zu beeindrucken, dass Sie sich umso besser in Szene setzen können.
Diese Menschen haben Ihnen gegenüber aber einen entscheidenden Nachteil. Da sie so von sich überzeugt sind, lassen sie keinen Selbstzweifel zu und würden sich daher auch nie die Frage stellen, wo ihre Schwächen liegen.
Aber um wirklich glücklich zu sein, muss ich zuallererst ehrlich zu mir selbst sein.

Auch hier hilft es sehr, wenn wir wieder ein Blatt Papier zur Hand nehmen und es in zwei Spalten unterteilen. Eine Spalte für meine Schwächen und eine Spalte für meine Stärken.

Stärken	☺	Schwächen
	☹	
	☺	
	☹	
	☺	
	☹	
	☺	

Technik zur Entscheidungsfindung: Pro-und-Contra-Liste

Je nachdem, wie tief Sie in sich hineingeschaut haben, werden Sie nun eine Ansammlung von Stärken und Schwächen vor sich haben. Nun unterstreichen Sie einmal die Schwächen, die Ihnen überhaupt nicht helfen, Ihre zuvor notierten Ziele und Wünsche zu erreichen.

Überlegen Sie sich nun, wie Sie diese Schwächen in Stärken umwandeln können. Da die von Ihnen notierten Punkte vielfältig sein können, gibt es hierfür kein Patentrezept. Aber so viel sei gesagt: Setzen Sie Ihre Kreativität ein, beschreiten Sie auch einmal für Sie ungewöhnliche Wege und probieren Sie etwas Neues aus. Überwinden Sie sich und vielleicht nehmen Sie auch einmal professionelle Hilfe in Anspruch.

Dann, ja dann werden Sie erleben, was Sie wirklich alles erreichen können.
Sie werden erleben, wie schnell sich Ihre Wünsche erfüllen und Sie Ihre Ziele erreichen.

Ich habe Menschen getroffen, die Ziele erreichen wollten, aber sich nicht entsprechend verhalten haben. Jeder sah es, jeder wusste es, nur die Betroffenen selbst haben es nicht erkannt.

Wenn ich etwas erreichen möchte, es mir wirklich wünsche und mich entschieden habe, dies zu erreichen, dann muss ich mich auch so verhalten. Ich muss mein gesamtes Verhalten darauf ausrichten, damit ich meinen Zielen näher komme.

„Mit unseren Wünschen und mit unseren Gedanken überschreiten wir das scheinbar Unmögliche."

Chinesische Weisheit

Möchte ich einen Marathon laufen, dann nutzt es rein gar nichts, nur darüber zu reden und mir beim Bäcker „wie immer" die süßen Torten zu kaufen. Ist dieser Marathon mein Ziel und habe ich mich ernsthaft dazu entschieden, ihn zu bewältigen, dann muss ich mir schon ein paar Turnschuhe kaufen, und zwar die guten, und dann laufen, laufen und noch einmal laufen.

Nur wenn ich mich entsprechend verhalte, in diesem Fall hart und ausdauernd trainiere, werde ich mein Ziel erreichen.

Ganz gleich, wie Ihre Ziele aussehen – ob es beruflicher Erfolg ist, ein Projekt oder Geschäft erfolgreich abzuschließen, ein neues Geschäft zu eröffnen oder einen passenden Lebenspartner zu finden –, Ihre Stärken werden Sie dabei stets unterstützen, doch an Ihren Schwächen müssen Sie stetig und kontinuierlich arbeiten.

An den jeweiligen Schwächen arbeiten heißt auch, sich diesen zu stellen. Sie haben zum Beispiel Flugangst und müssen trotzdem geschäftlich oft verreisen. An der Schwäche zu arbeiten, kann hier bedeuten, gleich morgen ein Seminar zur Flugangstbewältigung zu buchen.

Sie sind mit sich und Ihrem Aussehen nicht zufrieden? Dann suchen Sie sich einen guten Friseur oder Typberater. Sie möchten nicht gleich so viel Geld ausgeben? Gehen Sie in die nächste Buchhandlung, kaufen sich ein Stylingbuch und experimentieren Sie.

Ihre Partnerschaft ist an einem Tiefpunkt angelangt, Sie möchten dies aber ändern? Dann überraschen Sie Ihren Partner mit mehr Aufmerksamkeit. Laden Sie Ihn gleich heute Abend zum Essen ein, buchen Sie einen schönen Urlaub, schenken Sie ihm Aufmerksamkeit und sagen Sie ihm offen, was Ihnen auf dem Herzen liegt.

Hallo Männer, wann bekam Ihre Frau oder Freundin den letzten Blumenstrauß? Der zum Geburtstag und der zum Hochzeitstag zählen hier nicht. Liebe Frauen, Sie brauchen jetzt gar nicht so zu schmunzeln. Wann haben Sie Ihren Liebsten zuletzt mit einer netten Kleinigkeit überrascht? Na, seien Sie ehrlich! ☺

Sie müssen sich entscheiden und handeln, um etwas zu erreichen! *Sie!*

Sie sind zum Beispiel mit Ihrem Gewicht nicht zufrieden? Gleich morgen fangen Sie an, Ihre Ernährung umzustellen, ab morgen nehmen Sie die Treppe und nicht mehr den Aufzug, Sie parken zum Einkaufen nicht mehr in der Stadtmitte auf dem Zentralparkplatz, sondern etwas außerhalb, sparen sich so die Parkplatzgebühr und laufen zu Fuß ins Zentrum. Sie schonen damit die Umwelt und tun gleichzeitig noch etwas Gutes für sich.

Es gibt für jede „Schwäche" eine Lösung und ein Programm zur Umwandlung von Schwächen in Stärken.

Sie müssen es nur wirklich wollen und umsetzen, nur Sie selbst können sich nachhaltig verändern. Wenn, ja wenn Sie es wirklich wollen.

„Starte heute mit deinem Glück!"

Einige „Ungläubige" werden wieder einwerfen, ja, ja, der hat ja gut reden (bzw. schreiben). Das ist aber alles nicht so einfach.

Sie haben recht! Sicherlich ist es nicht einfach, sich bzw. seine lieb gewonnenen Eigenheiten und Gewohnheiten zu ändern. Aber das brauchen Sie ja gar nicht! Sie sollen nur die Dinge in Ihrem Leben angehen, die Sie stören und die Sie ändern möchten. Warum? Natürlich um Ihre Ziele zu erreichen, Ihre Wünsche zu realisieren!

Ohne – und wieder betone ich es hier ganz stark – dass *Sie* es wirklich wollen, ohne diesen Willen geht es nun einmal nicht.

Für mich persönlich bedeutet eine entspannte Pause, eine Tasse Kaffee zu genießen. Eine Pause ohne meine „heiß geliebte" Tasse Kaffee, oh, das zu ändern, würde mir zum Beispiel sehr, sehr schwerfallen.

… und ich muss es ja auch nicht ändern. ☺

„Sie müssen es sich wirklich und aus tiefster Überzeugung wünschen und sich dann bewusst entscheiden!"

Eine Bekannte von mir hatte Frust und stopfte unaufhörlich Süßigkeiten in sich hinein. Das Ergebnis ließ nicht lange auf sich warten und in kurzer Zeit war Sie um 12 kg reicher.

Ich ärgerte sie regelmäßig und zog sie mit ihrem Übergewicht auf, aber nichts half.

Erst als ihr selbst bewusst wurde, wie unwohl sie sich inzwischen mit den zu vielen Kilos fühlte, fing sie an abzunehmen. Heute ist sie ihre 12 kg Übergewicht wieder los und um eine Erfahrung reicher.

Sie rauchen und Ihr Wunsch ist es, damit aufzuhören?

Nur Sie alleine können es wirklich schaffen, dies erfolgreich zu ändern. Rauchen ist, wie übermäßiger Alkoholkonsum, nun einmal eine Sucht. Nur wenn Sie es wirklich wollen und Ihre innere Kraft und Ihr innerer Wille stärker sind als die Sucht, dann, ja dann haben Sie gewonnen.

Wenn Ihre Entscheidungskraft siegt, dann kann Sie keiner mehr aufhalten, dann können Sie im wahrsten Sinn des Wortes „Berge versetzen".

Wenn ich mir etwas wirklich wünsche, dann erreiche ich dies auch! Alles, was ich nicht erreiche, habe ich mir nicht wirklich und aus tiefster Überzeugung gewünscht.

Jeder, der es einmal geschafft hat, über sich selbst hinauszuwachsen, kann dies immer wieder und zu jedem Anlass schaffen. Immer vorausgesetzt, Sie wollen etwas wirklich erreichen und entscheiden sich bewusst für dieses Ziel!

„Unsere Wünsche zeigen uns unseren Weg."

Gleich, ob es eine körperliche Herausforderung ist, bei der Sie einen Marathon in einer für Sie herausfordernden Zeit laufen möchten, ob Sie einen Berg besteigen, dessen Gipfel für Sie unerreichbar scheint, oder ob Sie ein Projekt stemmen wollen, welches Ihnen zuvor keiner zugetraut hat.

Gleich, welcher Herausforderung Sie sich stellen, wenn Sie das Ziel dann erreicht haben, meistern Sie noch ganz andere Herausforderungen in Ihrem Leben.

„Starte heute mit deinem Glück!"

Auf einer Bergwanderung im schönen Tirol begegnete ich während einer Rast auf einer Hütte einem sehr sympathischen Herrn. Entspannt und ausgeglichen, wie man im Urlaub so ist, kommt man recht schnell und wesentlich leichter mit seinen Mitmenschen ins Gespräch. Erst wurde das Übliche beredet: welche Wandertouren schon durchgeführt, welcher Gipfel erwandert und welche Attraktionen besichtigt wurden. Doch irgendwann wurde er etwas „schwermütig" und ruhiger und erzählte mir, dass seine Frau vor einem Jahr mit gerade einmal 63 Jahren an Krebs verstorben sei.

Sie waren lange Zeit verheiratet gewesen, hatten zwei Kinder großgezogen und ihr beider größter Traum war immer eine gemeinsame Kreuzfahrt in die Karibik gewesen …

Er erzählte mir, dass er seine Frau sehr geliebt habe, aber auch, dass der Tod für sie letztendlich eine „Erlösung" gewesen sei. Er hatte sich um seine Frau in ihren letzten Jahren gekümmert und trauerte verständlicherweise immer noch sehr um sie. Er war jedoch kein Mensch, der „am Boden zerstört" war. Er hatte sie geliebt und alles für sie getan, was ihm zu Lebzeiten möglich war, ihr bis zum Schluss beigestanden.

Das, was ich im Gespräch aber spürte und was er auch zum Ausdruck brachte, war das tiefe Bedauern darüber, dass sie diese Reise, die sich beide so sehr gewünscht hatten, nun nicht mehr zusammen unternehmen konnten.

Was mache ich im Alter nur, wenn ich mir meine Wünsche nicht rechtzeitig erfüllt habe, wenn meine Kräfte und Reaktionen für meine Wünsche nicht mehr ausreichen?

„Wenn Sie sich etwas wirklich wünschen, warten Sie nicht zu lange!"

Falls Sie die Tragikomödie *Das Beste kommt zum Schluss* aus dem Jahr 2007 mit Jack Nicholson und Morgan Freemann noch nicht gesehen haben, dann schauen Sie sich diesen Film einmal an.

Genauso passt in diesen Zusammenhang der Film *Mit Herz und Hand*. Er basiert auf der wahren Lebensgeschichte des Motorradenthusiasten Herbert James, genannt „Burt" Munro aus Neuseeland. Ab 1962 stellte er auf einer selbst getunten Indian, Baujahr 1920, mehrere Geschwindigkeitsrekorde auf.

Burt Munro (gespielt von Anthony Hopkins) ist Rentner und lebt in Invercargill, einer neuseeländischen Kleinstadt. Seit 25 Jahren bastelt er bereits an seiner Indian herum, um sie noch schneller zu machen.
Sein Traum ist es, mit ihr bei der Bonneville-Rennwoche in den USA an den Start zu gehen, um dort ihre Spitzengeschwindigkeit zu testen. Ein Herzinfarkt war für ihn der Anstoß, seinen Traum endlich in die Tat umzusetzen. Er kratzte sein ganzes Geld zusammen und arbeitete sogar auf dem Schiff, das ihn nach Amerika brachte, um die Überfahrt zu finanzieren. In Bonneville angekommen, musste er feststellen, dass er die Startvoraussetzungen nicht beachtet hatte. So kam es dazu, dass er eigentlich gar nicht zum Rennen

zugelassen werden sollte ... aber mehr möchte ich an dieser Stelle gar nicht verraten.[1]

Der Film zeigt sehr schön und bewegend, dass das Alter nicht immer eine „Schranke" für die Verwirklichung unserer Wünsche und Träume sein muss! Träumen Sie, wünschen Sie, entscheiden Sie. Alle Ziele lassen sich erreichen, alle Wünsche realisieren. Es gibt immer einen Weg, und wenn nicht diesen, dann einen anderen.

Oft verändern sich Wünsche und Ziele im Laufe eines Lebens. Die Lebensumstände ändern sich, die Einstellung ändert sich, wir entwickeln uns weiter, vom Kind zum Teenager, vom Teenager zum Erwachsenen. Das Erlebte, Erlernte und auch die Bereitschaft, sich auf Neues einzulassen, haben Einfluss auf uns und unsere Ansichten und Einstellungen.

Bei mir selbst habe ich festgestellt, dass sich meine Einstellung und Ansichten oft in einem Zeitfenster von ungefähr fünf Jahren verändern.

Es gibt viele, die diese Bereitschaft zur Veränderung nicht zulassen. Im Alter stellen diese Menschen dann oft fest, dass sie etwas in ihrem Leben verpasst haben. Eine Frau kommt vielleicht zu der Einsicht, dass sie sich von ihrem Mann zu lange hat unterdrücken las-

---

[1] Quelle: Wikipedia, Artikel „Burt Munro".

sen, dass sie ihre Vorstellungen und Wünsche nie klar geäußert hat.

Ein Mann bedauert möglicherweise, dass er zu lange im gleichen Betrieb geblieben ist, der „Sicherheit" zuliebe.

Keiner kann aus seiner Haut heraus, an unserem Bewusstsein und unserer Einstellung sowie an der Form, unserem Körper, können wir jedoch arbeiten.

Als wir geboren wurden, waren wir ein „weißes Blatt"!

Erst wenn wir älter werden, entsteht der „Stoff", aus dem wir im Alter eine Biografie schreiben könnten.

Im „Schnelldurchlauf" ist meist jedes Leben viel zu rasch erzählt. Rechtzeitig sollten wir daher darauf achten, dass wir im Alter genügend „Stoff" für unsere Biografie zusammengetragen haben. Leider gibt es viel zu wenig Lebensgeschichten, die sich aufzuschreiben und für die Nachwelt festzuhalten lohnen. Es gibt aber auch sehr interessante Biografien, aus denen wir viel für unser eigenes Leben lernen können.

Wenn wir erst im Alter feststellen, dass wir nicht das Leben gelebt haben, welches wir uns erwünscht und erträumt hatten, dann ist dies aus meiner Sicht mit das Schlimmste, was uns passieren kann.

Vielleicht läuft im Leben nicht alles hundertprozentig so, wie wir es uns erwünschen und erträumen. Wenn wir aber im Alter zufrieden mit uns und unserem bisherigen Leben sind, dann haben wir mit Sicherheit sehr oft die richtigen Entscheidungen getroffen.

Gern möchte ich Ihnen an dieser Stelle noch ein Buch von Bronnie Ware empfehlen mit dem Titel: *5 Dinge, die Sterbende am meisten bereuen* (Arkana Verlag).

Achten Sie rechtzeitig auf sich und Ihre Wünsche. Versäumen Sie es nicht, rechtzeitig die richtigen Entscheidungen für sich zu treffen. Entscheidungen für Ihre Ziele, für Ihre Wünsche, Ihr Glück.

Es gibt die reale Welt und es gibt unsere Wunschwelt. Um richtig glücklich zu sein, müssen wir uns der realen Welt stellen, um so unsere Wunschwelt zu erreichen.

Sie können morgen das sein und erreichen, was Sie sich heute wünschen …

Ihre Entscheidung!

Glück

Glück bedeutet für jeden Einzelnen von uns etwas völlig Anderes.

Was für den einen das größte Glück auf Erden ist, kann für einen anderen vielleicht eine mittelschwere Katastrophe sein …

… sagte der Fallschirmspringer und sprang mit einem Lächeln aus dem Flugzeug.

Aber warum kommt unser Glück nicht einfach zur Tür herein und sagt: „Hey, schön, dich zu treffen, hier bin ich und nun fühle dich ab sofort toll und glücklich!"
Schön und wünschenswert wäre das ja, aber um wirklich Glück zu haben, müssen wir uns zuallererst dafür entscheiden, dass wir auch wirklich glücklich sein wollen.

Es nutzt uns nicht wirklich bei unserem Streben nach Glück, wenn wir uns angewöhnt haben, schlecht gelaunt und mürrisch durch die Gegend zu laufen. Klar, vielleicht haben Sie als Kollege in einem Unternehmen so vielleicht mehr Zeit für sich. Denn wer möchte Sie schon ansprechen, um dann letztendlich doch nur wieder einen dummen Spruch von Ihnen zu kassieren?

Im Grunde ist dies schon eine der wichtigsten Entscheidungen in Ihrem Leben. Eine Entscheidung, die Sie unbedingt für sich treffen sollten, um glücklicher zu sein:

„Ich will glücklich sein!"

Wenn Sie dieser Ihrer Aussage nun Taten folgen lassen, wird sich Ihr Leben schnell zum Positiven verändern, so schnell, dass Sie sich über die Geschwindigkeit nur noch wundern werden. Auch wenn die sogenannten Lachseminare von vielen im wahrsten Sinne des Wortes belächelt werden, aber es ist was dran an ihnen!

Machen Sie selbst einen Test: Gehen Sie in ein Geschäft, schauen Sie mürrisch und schlecht gelaunt drein. Bestellen Sie mit knappen Worten etwas bei der Verkäuferin oder dem Verkäufer.

Gehen Sie nun in ein anderes Geschäft, gehen Sie beschwingt und schon mit einem Lächeln hinein, machen Sie einige freundliche Bemerkungen.

Falls Sie nun nicht gerade eine mürrische Verkäuferin oder Verkäufer erwischt haben, die oder der zuvor schon zehn schlecht gelaunte Mitmenschen bedienen musste, werden Sie den Unterschied im Verhalten Ihrer Mitmenschen schnell feststellen.
Wiederholen Sie dies und üben sich im positiven Smalltalk, sprechen Sie Ihre Mitmenschen freundlich an und erleben Sie so das positive Feedback, welches Ihnen nun begegnet.

Gerade heute, wo die meisten Menschen mit Ohrstöpseln von I-Pod & Co. durch die Gegend laufen, gerade da werden Sie spüren, wie Menschen sich öffnen, wenn Sie sie nur einmal ansprechen und freundlich mit Ihnen umgehen.

Nun gut, werden einige vielleicht wieder sagen, was hilft es mir, dass die anderen sich freuen, wenn ich freundlich zu Ihnen bin. Darauf kann man nur antworten: Das, was Sie an Positivem ausstrahlen, kommt zu 100 Prozent zu Ihnen zurück.

Als ich einmal einem Straßenverkäufer eine Zeitung abgekauft habe, sagte er zu mir: „Danke, dass Sie eine Zeitung gekauft haben. Aber dass Sie mich freundlich angesprochen und angelächelt haben, macht mich heute sehr glücklich. Dafür meinen Dank!"

Vielleicht passiert Ihnen so etwas nicht gleich beim ersten Mal, aber es wird passieren! Versuchen Sie es immer wieder: Gehen Sie positiv und offen durch Ihr weiteres Leben.

Sie sollten natürlich nicht gleich bei einer Beerdigung oder als Dortmunder Fußballfan in der Bayernfankurve damit anfangen … ☺

Das Glück anzunehmen, wenn es da ist, fällt vielen furchtbar schwer. Ich habe viele Menschen kennengelernt, die standen sich im wahrsten Sinne des Wortes selbst im Wege. Sie waren oft mürrisch, hatten schlechte Laune und schienen nur zufrieden zu sein, wenn es ihnen und ihrem Umfeld schlecht ging. Wer kennt nicht die zahlreichen Meldungen aus den Medien: „Vater tyrannisierte Mutter, Kinder, die ganze Familie", das heißt, alle hatten unter einem Einzigen zu leiden. Die Geschichte ist voll von Menschen, deren Unzufriedenheit zum Unglück vieler geführt hat.

Wie will ein Mann, der seine Familie tyrannisiert, überhaupt glücklich sein? Bevor ich das Glück finde, muss erst einmal der Wunsch in einem vorhanden sein, auch selbst glücklich sein zu wollen.

Und wenn Sie alle Hebel in Bewegung gesetzt, alle Ihnen zur Verfügung stehenden Register gezogen haben, versucht haben, die Situation zu verbessern, hören Sie damit auf. Sie dürfen sich nicht weiter an der Unzufriedenheit der anderen aufreiben.

Wenn Sie für sich beschlossen haben, glücklich zu sein, und Ihr Umfeld zieht nicht mit, dann ziehen Sie um und schaffen Sie sich ein neues Umfeld. Eines, in dem Sie sich spürbar wohler fühlen.

Das klingt zunächst sehr hart und das ist es auch, da dies unter Umständen gravierende Veränderungen für Sie und Ihr Umfeld mit sich bringen kann.

Ich habe einmal in einem Unternehmen einen Mann kennengelernt, der mit zwei Gesichtern durch das Unternehmen lief. Das eine war das des hilfsbereiten und freundlichen Kollegen und das andere war das eines mürrischen und mit sich sehr unzufriedenen Menschen. Viele offene, gute und weniger gute Gespräche habe ich mit ihm geführt. Zum Schluss musste ich jedoch erkennen, dass er tief depressiv war.

Ich konnte ihm leider mit unseren Gesprächen nicht helfen, selbst seine bisherigen Therapien hatten bei ihm nicht gefruchtet. Wir dürfen diese Menschen nicht aufgeben, wir sollten ihnen helfen und ihnen zur Seite stehen. Was jedoch auch sehr wichtig für Sie ist: Sie müssen sich auch selber schützen. Sich vor allem nicht von der Unzufriedenheit und Depressionen anderer runterziehen lassen.

Machen Sie deren Probleme nicht zu Ihren Problemen. Ziehen Sie für sich eine klare Abgrenzung! Eine Abgrenzung, die Ihnen zeigt, wie weit Sie jemandem helfen und unterstützen können, bevor Sie selbst anfangen, dadurch „krank" und unzufrieden zu werden.

Für Sie persönlich ist es wichtig, dass Sie und Ihr Umfeld glücklich sind.
Lassen Sie sich daher nicht durch kleinere oder vielleicht auch einmal größere Rückschläge entmutigen.

Neben einer positiven Lebenseinstellung gehören Durchhaltevermögen und auch Willenskraft zu den Eigenschaften, die uns unserem Glück näherbringen. Versuchen Sie, Ihre gewonnene positive Lebenseinstellung zu halten, so lange, bis Sie diese so verinnerlicht haben, dass es für Sie völlig „normal" ist, glücklich zu sein.

Viele Menschen haben es im Laufe ihres Lebens verlernt, sich darauf zu besinnen, was sie wirklich glücklich macht.

Wir jammern immer gern und meist auch noch viel zu laut.

Wir geben am liebsten schnell den anderen die Schuld für unsere Lebenslage. Gleichzeitig zweifeln wir zu oft an uns und unseren Fähigkeiten.
Wenn ich beschließe, glücklich zu sein, dann muss ich erst einmal in mich hineinhorchen, um herauszufinden, was mich persönlich wirklich glücklich macht. Was immer dies dann letztendlich für mich bedeuten mag.
Wissen Sie genau, was Sie glücklich macht? Haben Sie Ihre Vorstellung von Glück schon in Worte gefasst und niedergeschrieben? Wenn nicht, dann machen Sie das am besten gleich einmal!

Schreiben Sie jedoch bitte keine Punkte wie „sechs Richtige im Lotto" auf, dies sind Umstände, die Sie nun wirklich nicht beeinflussen können. Sollte es jedoch Ihr Wunsch sein, einmal zu gewinnen, dann, ja dann müssen Sie natürlich erst einmal bei der Lotterie mitspielen. Auch wenn Ihre Chance äußerst gering ist.

Aber wenn Sie alleine schon der Gedanke glücklich macht, dass Sie ja einmal gewinnen könnten, dann ist es aus meiner Sicht völlig in Ordnung, sein Geld auch einmal in ein Glückslos zu investieren. Ich gestehe, ich habe ebenfalls schon öfters mitgespielt. Ich träume halt auch gerne …

Sagen Sie aber, Sie möchten einmal ein eigenes Haus besitzen, so sind dies Umstände, die Sie selbstverständlich beeinflussen können.
Mit 27 Jahren hatte ich den ersten Gedanken daran und mit 35 Jahren habe ich mit meinem Vater zusammen unser Haus gebaut.

Je nach Aufwand und Umfang kann zwischen dem „Wunschgedanken" und seiner Realisierung schon einmal etwas Zeit vergehen. Wichtig ist jedoch, dass Sie Ihre Ziele nie aus den Augen verlieren.

Glück bedeutet für mich persönlich:
....
....
....
....

Wenn Sie hier etwas notiert haben, hat Ihr Glück jetzt einen Namen, ein Ziel, dann können Sie von nun an die richtigen Entscheidungen treffen. Entscheidungen, um dieses Glück, Ihr persönliches Glück, Ihr Ziel zu erreichen.

Wenn ich mein persönliches Glück definieren sollte, würde mir spontan einfallen, ich bin glücklich, gesund zu sein, eine tolle Ehefrau an meiner Seite zu haben, Menschen zu kennen und kennengelernt zu haben, mit denen mich eine herzliche und tiefe Freundschaft verbindet. Auch darüber, einiges in der Welt gesehen und erlebt zu haben.

… und natürlich meine beiden Katzen nicht zu vergessen, auch wenn diese mich morgens oft sehr unsanft und meist viel zu früh wecken.

Garfield lässt grüßen! ☺

Es gibt noch viel mehr, was ich hier aufzählen könnte, davon ist jedoch einiges viel zu persönlich, als dass ich dies je öffentlich äußern würde.

Auch Sie sollten Ihre tiefsten „Glücksziele" hüten und bewahren und genau darauf achten, wem Sie letztendlich etwas davon erzählen. Nicht immer ist es klug, jedem alles anzuvertrauen oder gar bei Facebook zu veröffentlichen.

Bei aller positiv gelebten Offenheit in unserem Leben sollten wir nicht so naiv sein und vergessen, dass wir mitunter in einer „Ellenbogengesellschaft" leben und es Mitmenschen gibt, die sehr stark nur ihren eigenen Interessen nachgehen …

Und dies ist noch sehr verharmlosend ausgedrückt.

Ein Leben kann ganz anders verlaufen, wenn Entscheidungen anders getroffen werden, von uns oder von anderen.

Wenn ich mir so die Geschichte von unserer kleinen Katze „Lulu" („L" wie „(kleines) Luder" ☺) anschaue, so sieht man auch sehr schön, wie eine Verkettung von Umständen zu Entscheidungen führt, die ein Leben total verändern können:

In einer Kleingartensiedlung wurde sie im September als „Herbstwurf" zusammen mit einem kleinen Brüderchen geboren. Nach ungefähr sechs Wochen wurde die Mutter von einem Auto überfahren. In diesem Jahr wurde es im November noch dazu sehr kalt ...

Auf Drängen meiner Frau haben wir die beiden kleinen Katzen schließlich eingefangen (was nicht einfach war!) und versucht, sie in einem Tierheim unterzubringen. Da aber alle Tierheime überfüllt waren, erwies sich dies als ein sehr schwieriges Unterfangen.

Kurzerhand entschlossen wir uns, einfach eine der beiden Katzen bei uns aufzunehmen. Das hat zwar unserem „alten" Kater Spocky (nach Mr. Spock aus *Raumschiff Enterprise* benannt, wegen seiner großen Ohren) am Anfang überhaupt nicht gefallen. Mit viel Geduld konnten wir die kleine Lulu doch noch an unseren „ollen" Kater gewöhnen.

Und so kam es dazu, dass wir heute zwei zufriedene und glückliche Katzen im Haus haben. Mit Sicherheit wäre das Leben der kleinen Lulu anders verlaufen, wenn die Umstände und Entscheidungen andere gewesen wären.

Auch das Brüderchen konnten wir zum Glück noch in gute Hände vermitteln.
Katzen haben zwar „sieben Leben", aber ab und an brauchen auch sie ein wenig Glück! ☺

Wenn Sie Ihre Wünsche und Ziele kennen und wissen, was Sie wirklich glücklich macht, dann ist es im Grunde doch sehr einfach, die richtigen Entscheidungen für sich zu treffen.

Gesundheit

Entscheiden wir uns dafür, dass wir unser Gewicht reduzieren wollen, dann gehen wir den entsprechenden Weg und setzen uns Ziele. Wir legen Meilensteine fest und arbeiten uns so Stück für Stück an unser Ziel heran.

An dem Tag, an dem wir die Entscheidung treffen, unser Gewicht zu reduzieren, ändern wir unsere bisherigen, ach so lieb gewonnenen Gewohnheiten!

Ich wiege 88 kg, bin ungefähr 1,81 Meter groß und sollte laut Gesundheitstabelle irgendwo bei 73 kg Idealgewicht liegen. Meine Entscheidung, mein Ziel: Innerhalb von 14 Monaten möchte ich 73 kg erreicht haben. Na gut, 74 kg wären auch schon okay, man muss es ja nicht gleich übertreiben. In meinem nächsten Buch verrate ich Ihnen, ob es geklappt hat. ☺

Was habe ich gerade getan? Ich habe aus einer allgemeinen Empfehlung – Idealgewicht gleich 73 kg – meine eigene Entscheidung abgeleitet. Die Empfehlung war laut Ernährungstabelle 73 kg und ich habe mich persönlich für 74 kg als mein persönliches Ziel entschieden.

Am Anfang kann ich meine Entscheidung noch korrigieren. Hätte ich mich während der „Diätphase" zu einer Korrektur entschieden, wäre ich von meinem Ziel abgewichen und so Gefahr gelaufen, einen „faulen" Kompromiss einzugehen.

Natürlich kann ich mich jederzeit umorientieren und mich anders entscheiden. Frei nach dem Ausspruch: „Was interessiert mich mein Geschwätz von gestern, heute habe ich neue Erkenntnisse."

Auch eine Möglichkeit, Herr Adenauer lässt grüßen. ☺ Wenn ich zum Beispiel merke, ich fühle mich mit 77 kg auch sehr wohl, warum dann noch weitere 3 kg abnehmen, für wen?

„Alles, was ich im Leben erreiche, erreiche ich für mich selbst."

Das sagte schon meine Mutter immer zu mir, als ich noch meine Hausaufgaben für die Schule erledigen sollte. Hat zwar etwas gedauert, aber irgendwann habe ich doch noch verstanden, was sie mir damit sagen wollte. Auch wenn meine Einsicht etwas verspätet kommt: Danke Mutti! ☺

Ich entscheide mich dazu, weniger Schokolade und Fast Food zu essen, ich entscheide, mich jeden Tag zur gleichen Zeit zu wiegen, ich entscheide mich dafür, mehr Sport zu treiben.

Ganz gleich, wo Ihre Ziele liegen, schreiben Sie sie auf und notieren Sie sich zur Unterstützung Zwischenziele.

Beim Ziel abzunehmen zum Beispiel:
„Ich wiege 88 kg am 20.01.2013.
Mein Ziel ist: 74 kg am 20.03.2014."

Als Zwischenziele, zum Beispiel: „Jeden Monat ein Kilo Gewicht verlieren."

20.02. – Soll: 87 kg; Ist: ____
20.03. – Soll: 86 kg; Ist: ____
20.04. – Soll: 85 kg; Ist: ____
usw.

Natürlich sollten Sie, wenn Sie eine solche Entscheidung treffen, professionellen Rat einholen. Sie sollten sich vorher mit Ihrem Arzt beraten und vielleicht gemeinsam mit ihm Ihr Ziel und Ihre Zwischenziele definieren.

Oder sind Sie eher der gesellige Typ? Dann melden Sie sich in einem Fitnessstudio an oder suchen Sie sich Gleichgesinnte. Möchten Sie lieber Ihre Ruhe haben, dann kaufen Sie sich ein gutes Buch übers Joggen, ein paar gute Laufschuhe und dann legen Sie los. Jede gute Buchhandlung und jedes gute Sportgeschäft berät Sie hier gerne.

Mit einem Fahrrad funktioniert das Ganze natürlich auch ganz gut!

Auch wichtig für Ihren Erfolg: Belohnen Sie sich, wenn Sie Ihre Zwischenziele erreicht haben. Gönnen Sie sich etwas, kaufen Sie sich etwas Schönes oder unternehmen Sie etwas, was Ihnen Freude bereitet.

Sie haben das Gefühl, Sie sind beruflich festgefahren? Sie sind unzufrieden mit sich, mit allem, dem Ganzen und überhaupt?

Haben Sie nur einen schlechten Tag oder vielleicht eine schlechte Woche erwischt? Keine Sorge, das geht vorbei.

Dauert Ihre Unzufriedenheit jedoch länger an und Ihnen geht es weiterhin nicht gut, dann handeln Sie! Kommen Sie erst einmal zur Ruhe und überlegen Sie, was der Grund sein könnte. Denken Sie nach: Wo liegen die Ursachen Ihres seelischen Ungleichgewichts?

Oft führt, bewusst oder unbewusst, ein Ereignis in unserem Leben dazu, dass es zu einer seelischen Belastung kommt. Eine solche unbewusste Belastung lässt sich oft schwer ermitteln, hier sind wir meist auf professionelle Hilfe angewiesen.

Eine bewusste Belastung entsteht oft unerwartet. Es gibt hier die unterschiedlichsten Auslöser, kleine oder auch größere Fehlentscheidungen können dazu führen, dass wir uns plötzlich sehr unwohl fühlen.

Das nächste Beispiel beschreibt zwar eine Extremsituation, in die wir aber jederzeit geraten können. Untersuchungen haben gezeigt, dass die Mehrzahl aller Autofahrer bei einem Verkehrsunfall nicht anhält, um Erste Hilfe zu leisten. Und dies, obwohl sie dazu gesetzlich verpflichtet sind! Auch auf die Gefahr hin, wegen unterlassener Hilfeleistung strafrechtlich verfolgt zu werden, fahren die meisten Menschen an einer Unfallstelle vorbei …

An diesem Beispiel möchte ich Ihnen aufzeigen, wie wir eine Entscheidung treffen, von der auch andere betroffen sind. Ja, durch die wir sogar den Tod eines anderen Menschen ungewollt herbeiführen könnten.

Die Entscheidung: Wir sehen einen Unfall und entscheiden uns, nicht anzuhalten.

Die Folge der Entscheidung: Der oder die Verunglückte/-n erhalten nicht rechtzeitig eine ärztliche Versorgung und sterben.

Die Konsequenz der Entscheidung: Wir haben uns nicht nur strafbar gemacht, sondern unserem Bewusstsein und unserem Unterbewusstsein eine schwere Last aufgetragen, welche auch für unsere Gesundheit gravierende Folgen haben kann. Diese Last wird, je nach persönlichem Charakter, bei dem einen früher und bei dem anderen später zu einem Ungleichgewicht im persönlichen Seelenfrieden führen.

Was ich an diesem Beispiel klarmachen möchte, ist die Tragweite einiger unserer Entscheidungen (ohne dabei weitgreifende psychologische Erkenntnisse und Fallbeispiele aus den Polizeiakten zu zitieren). Wenn wir einen Unfall sehen, müssen wir uns innerhalb weniger Sekunden entscheiden: anhalten, weiterfahren, sofort Hilfe rufen oder ein weiteres Fahrzeug zur Unterstützung herbeiwinken. Und da ist sie wieder: Ihre persönliche Entscheidung!

„Ja – nein – vielleicht."
Wir müssen uns hier innerhalb von nur wenigen Sekunden entscheiden und diese Entscheidung kann unter Umständen unser ganzes restliches Leben sehr stark beeinflussen, egal ob wir die Entscheidung bewusst oder unbewusst treffen.

Dieses Beispiel der unterlassenen Hilfeleistung zeigt sehr deutlich, wie wir von einer auf die andere Sekunde in eine Situation geraten können, in der wir uns entscheiden müssen. Und dies, wo wir doch eigentlich für den Tag keine weiteren weitgreifenden Entscheidungen geplant hatten ...

Bewusst oder unbewusst, wir treffen vom morgendlichen Aufstehen bis zum abendlichen Einschlafen eine Vielzahl von Entscheidungen. Bei den meisten haben wir zum Glück die Chance auf Korrektur.

In diesem Fall könnten wir unseren Wagen stoppen und zurückfahren. Auch wenn das Erlebte und die Bilder Sie später auch noch so sehr belasten sollten, diese Belastung ist in nichts mit der zu vergleichen, die später auf Ihnen lasten würde, wenn Sie gar nichts täten. Ihr „schlechtes Gewissen" kann so groß werden, dass es zu einer Depression führt.

Was würden Sie sich wünschen, wenn Sie in dem verunglückten Wagen liegen würden?

„Entscheiden Sie sich richtig, Ihr Gewissen wird es Ihnen ein Leben lang danken!"

Heutzutage stehen wir täglich immer wieder vor Entscheidungen. Z.B. wenn unsere Kinder sich oder wir selbst uns ein Piercing oder gar ein Tattoo wünschen.

Wie sollen wir uns entscheiden, heute finden wir es „cool" und morgen? Es gibt tolle Motive und aufregende Piercings, wir werden jedoch älter, unsere Einstellung verändert sich ... und, und, und.

Ich persönlich habe immer dann ein Problem, wenn an einem gesunden Körper ein nicht notwendiger Eingriff vorgenommen wird. Aber das ist meine Einstellung und meine Meinung dazu, genauso toleriere ich und akzeptiere es natürlich, wenn dies jemand anders sieht. Einer meiner besten Freunde ist voller Tattoos, hat diverse Piercings und sogar einen kleinen „Teller" im Ohr. Er ist der Schreck aller Schwiegermütter und nachts möchte man ihm nicht unbedingt im Dunkeln begegnen.

Wer ihn jedoch näher kennt, der weiß, dass er eine Seele von Mensch ist. Ich bin froh, dass er ein guter Freund von mir ist. Nur beim Thema „Körperschmuck" gehen unsere Ansichten halt total auseinander. Aber wie entscheiden wir hier für unsere Kinder, ohne dass wir gleich die „Spießer" sind.

Jeder noch so unbedeutende Eingriff birgt immer ein Risiko. Die Wunde kann sich entzünden, das OP-Besteck war nicht steril, ich habe eine allergische Reaktion usw., usw.

Entscheiden Sie sich dafür, das bestehende Risiko dennoch einzugehen, sparen Sie bitte nicht am falschen

Ende. Gehen Sie dorthin, wo über Hygiene nicht nur gesprochen, sondern diese auch gelebt wird.

Ihrer Gesundheit zuliebe!

Wenn wir das Gefühl haben, uns geht es schlecht, oder wir meinen, wir stehen vor einer schwierigen Entscheidung, lohnt sich gelegentlich ein Blick zur Seite. Sicherlich sind wir die Hauptfigur in unserem Leben, aber ab und an sollten wir uns auch einmal nicht ganz so wichtig nehmen.

Als ich vor Kurzem ein Interview mit Roland Kaiser im Fernsehen gesehen habe, war ich wirklich angetan von der Leistung und Willensstärke, mit der er seine Krankheit angegangen ist. Trotz einer Lungentransplantation ist er wieder auf Tournee. Auch wenn ich nicht unbedingt ein großer Fan seiner Musik bin, so hat er doch meinen ganzen Respekt vor dieser Leistung und den damit verbundenen Entscheidungen. Lernen können wir hier auch wieder, wie wichtig es doch ist, sich selbst nie aufzugeben.

Es lohnt sich zu kämpfen und bewusste Entscheidungen zu treffen, gerade da, wo es einmal mehr um unsere eigene Gesundheit geht.

Sie rasen von Termin zu Termin, von Aufgabe zu Aufgabe, sind gehetzt und finden nicht mehr zur Ruhe?

Bleiben Sie einfach einmal stehen. Halten Sie an und inne.

Besser ist es, ein sogenanntes Burn-out erst gar nicht aufkommen zu lassen.

Menschen, die ihre Ziele erreichen und sich ihre Wünsche erfüllen, sind zufrieden. Menschen, die glücklich und ausgeglichen sind, bekommen kein Burn-out!

Ich habe noch keinen glücklichen Menschen getroffen, der „ausgebrannt" war. Fröhliche Menschen sind nicht nur glücklicher, sie sind auch ausgeglichener. Sie haben einen festen Stand und nichts haut sie so schnell um.

„Finden Sie die Ruhe in sich!"

„Als ich an diesem Morgen aufgestanden bin, wusste ich, ich muss heute nicht schneller sein als all die anderen.
Ich muss nur so schnell sein, sodass ich glücklich bin!"
Meine Lebensweisheit ☺

Alles hängt eng zusammen: unsere Wünsche, unsere Ziele, unser Glück, unser „Seelenfrieden". Können wir unsere Wünsche erfüllen, unsere Ziele erreichen, dann kommt das Glücksgefühl von selbst.

„Nicht mit dem Kopf durch die Wand, denn es gibt immer eine Tür."
Sie müssen Ihre Ziele und Wünsche kennen und dann nur noch die richtige Tür öffnen.

Oft hören wir, der beste Weg sei „der Weg der Mitte", dass wir also weniger anecken, wenn wir mit der Masse laufen. Der Weg der Mitte ist mit Sicherheit nicht der schlechteste. Wichtig ist bei der Wahl Ihres Weges nur, dass Sie letztendlich dabei auch glücklich sein müssen.

Sind wir glücklich, sind wir gesünder!

Geld

Nicht ohne Grund kommt es heute zu einer immer stärker werdenden Überschuldung in vielen Haushalten. Zu verlockend ist die Werbung und sind die Angebote, wer kann da schon dauerhaft standhaft bleiben und den vielen herrlichen Versuchungen widerstehen …

… zumal Studien zeigen, dass das Glücksgefühl beim Kaufen stetig steigt. Man gönnt sich ja auch gern einmal etwas.

Natürlich ist es wichtig, sich etwas zu gönnen und nicht alles nur für die Enkel zu sparen.

Schon mein Opa sagte zu mir: „Junge, hast du 100 DM (heute natürlich 50 Euro) in der Tasche, dann gib die Hälfte aus und gönn dir was, damit du weißt, warum du gearbeitet hast. Die andere Hälfte, die legst du dir schön beiseite für etwas Größeres, den Notfall oder halt fürs Alter."

Ich würde meinen Opa nicht gerade für einen weisen Mann halten, aber in einem hatte er nun einmal Recht: Nach dem 50/50-Prinzip kann man wesentlich ruhiger leben. Schönes Prinzip, wird jetzt derjenige sagen, der im Monat nicht einmal die 50 Euro zum Aufteilen hat.

Gerade heute ist es wichtiger denn je, sich über sein eigenes Entscheidungsverhalten in Geldangelegenheiten einmal ein paar Gedanken zu machen. Viel zu verführerisch und zu zahlreich sind die Angebote.

Warum haben wir uns zum Kauf gerade dieses Wagens entschieden? Waren wirklich die „Zahlen, Daten, Fakten" (ZDF) entscheidend, zum Beispiel das Preis-Leistungs-Verhältnis, oder nicht doch eher das Image der Automarke, das uns durch die Werbung suggeriert wurde? Oder mussten wir den Wagen etwa kaufen, weil unser Nachbar in der gleichen Klasse unterwegs ist?

Um im Leben zu bestehen, stellen wir uns täglich bewusst oder unbewusst der Herausforderung, Entscheidungen für uns und auch für andere zu treffen: als Arzt für einen Patienten, ob er den komplizierten Eingriff doch riskieren soll, als Eltern für das Wohl unserer Kinder, als Unternehmer für das Wohl seiner Firma und den von dieser abhängigen Mitarbeitern.

In unserem Leben gibt es Entscheidungen, die einen gravierenden Einfluss auf unser und auf das Leben anderer haben. So zum Beispiel die Berufswahl, die Partnerwahl und viele andere genauso wichtige Entscheidungen, die unser Leben nachhaltig prägen und beeinflussen.

Überlegen Sie einmal, welche Entscheidungen in Ihrem Leben gut waren, welche eher schlecht und bei welchen Sie sich aus heutiger Sicht doch besser anders entschieden hätten …
Lehnen Sie sich zurück, schließen Sie die Augen und dann überlegen Sie einmal ganz in Ruhe: Was waren die für Sie wichtigsten Entscheidungen in Ihrem bisherigen Leben? Fangen Sie in Ihrer Kindheit an und gehen Sie langsam durch die Jahre bis zum heutigen Tag.

Die Vergangenheit lässt sich zwar nicht mehr ändern und umkehren, denn sie ist, wie wir alle wissen, unwiderruflich abgeschlossen. Aber die Erfahrung aus Ihren in der Vergangenheit getroffenen Entscheidungen können Sie ab sofort stärker für Ihre Zukunft nutzen.

Natürlich nur dann, wenn Sie sich über Ihr bisheriges Entscheidungsverhalten Klarheit verschafft haben. Nur dann sind Sie in der Lage, dieses Wissen auch bei zukünftigen Entscheidungen bewusst zu Ihrem Vorteil zu nutzen.

„Sie müssen Ihr Entscheidungsverhalten, Ihre Muster erkennen, um zukünftig klarere und bewusstere Entscheidungen für sich treffen zu können."

Vor einiger Zeit hörte ich im Radio einen Beitrag über David Buick, den Gründer der Buick Motor Company, aus der später der Autohersteller General Motors (GM) hervorging. Noch heute werden Fahrzeuge gebaut, die seinen Namen tragen, und ältere Modelle sind weltweit begehrte Sammlerstücke. David Buick hatte es geschafft, ein Verfahren zu entwickeln, durch das metallische Oberflächen mit Porzellan überzogen wurden, um sie vor Korrosion zu schützen. Dies brachte ihm als Erfinder Wohlstand und Reichtum. Aber getrieben von seinem Tatendrang und inspiriert von Henry Ford, machte er sich daran, ein Fahrzeug mit Motorantrieb zu bauen. Leider war er nicht der rechte Geschäftsmann und verlor nach einiger Zeit die Kontrolle über sein Unternehmen. Später versuchte er sich noch mit einigen anderen Ideen, die ihm aber auch keinen neuen Erfolg mehr brachten. Im Alter hatte er sein Vermögen verloren und arbeitete als Lehrer bis zu seinem Tode 1929 in Detroit.

Als ihn ein Reporter ein Jahr vor seinem Tod interviewte, traf er auf einen trotz seiner vielen Misserfolge und Fehlentscheidungen nicht verzweifelten und verbitterten Mann, sondern auf einen Menschen, der immer wieder aufgestanden ist und weitergemacht hat. Dieser Lebenslauf macht mir sehr deutlich, dass man das Erreichte schnell wieder verlieren kann, meistens schneller, als man es gewonnen hat.

Ich weiß nicht, ob Herr Buick eher der Spielertyp war, der ohne viel nachzudenken und mit falscher Selbsteinschätzung seinem Bauchgefühl folgte, oder eher ein besonnener Mensch, der bei wichtigen Entscheidungen in der Entscheidungsfindung methodisch vorgegangen ist.

Wenn wir jedoch in unserem Leben nichts riskieren und nicht den Mut aufbringen, mit Fehlentscheidungen und Rückschlägen zu leben, werden wir nie erfahren, was wir alles hätten leisten und erreichen können.
Auch wenn die Lebensgeschichte von Herrn Buick nicht mit einem Happy End abschloss, so macht sie doch sehr deutlich, dass selbst wenn die Rückschläge hart sind, wir uns davon nicht unterkriegen lassen dürfen.

Lernen können wir aus dieser und vielen anderen historischen Geschichten, dass wir uns bei wirklich wichtigen Entscheidungen in unserem Leben auch stets über die Konsequenzen im Klaren sein sollten.

Vielleicht geht eine schwierige Entscheidung – trotz aller methodischen und geplanten Vorgehensweise, also eine bewusst getroffene Entscheidung – vollends in die bekannte Hose, aber dann wussten wir um das Risiko und sollten uns davon auch nicht unterkriegen lassen.

Alleine die seit Jahren steigende Anzahl von Scheidungen macht deutlich, dass wir uns gelegentlich zu stark von unserem Bauchgefühl verführen lassen und die bzw. den falsche/-n Froschkönig/-in geküsst haben.

Aber solange noch Frösche im Teich sind, sollten wir nicht verzweifeln und bei der nächsten Auswahl etwas genauer hinschauen, oder …

… einmal den Teich wechseln.

Entscheide ich mich zum Kauf eines neuen Autos, gehe ich die Gefahr ein, dass es zu viel kostet: hier noch ein paar schönere Felgen, da ein wenig mehr PS oder vielleicht auch noch Ledersitze. All dies kann letztendlich dazu führen, dass ich Gefahr laufe, mich bei meiner Kaufentscheidung finanziell total zu übernehmen. Doch bei allen Entscheidungen kann ich Ja oder Nein sagen oder mir mit einem „Vielleicht" die Option auf eine Bedenkzeit einräumen.

Viele, mich eingeschlossen, lassen sich viel zu oft zu einer Entscheidung nötigen. „Tja, tut mir leid, aber

der Preis gilt nur noch heute" – so wird Zeitdruck aufgebaut, der dazu führt, dass ich meine „Vielleicht"-Option verliere und mich nur noch zwischen Ja und Nein entscheiden kann.
Spätestens hier entscheide ich mich persönlich für ein Nein, da mir bei jedem seriösen Geschäft eine Bedenkzeit eingeräumt wird.
Wenn ich natürlich etwas unbedingt möchte und mir die Konsequenzen meiner Entscheidung voll bewusst sind, dann kann ich natürlich auch Ja sagen, aber nur dann!

Wie bei der Einstufung von Entscheidungen in sehr wichtige, wichtige und eher unwichtige, so gibt es auch bei den jeweils dazugehörigen Risiken nahezu die gleichen Einstufungskriterien. Sind mir die Auswirkungen meiner Entscheidungen voll bewusst, so ist das Risiko bei dieser Entscheidung nicht so hoch, als wenn ich mich spontan aus dem Bauch heraus entscheide. Bei fast jeder in unserem Leben getroffenen Entscheidung besteht ja immer ein Restrisiko, dass ich mich doch falsch entscheide.

Frei nach Murphys Gesetz:
„Shit happens!"

Sprich: Wenn etwas schiefgehen kann, wird es auch schiefgehen.
Oft ist es aber auch nur so, dass wir uns das Negative viel bewusster machen als die positiven Dinge im Leben.

Aber so ist unser Leben halt, in der Vergangenheit, in der Gegenwart und wohl auch in der Zukunft. Ja, wenn wir nicht wie in dem Spielfilm *Paycheck* mit Uma Thurman und Ben Affleck aus dem Jahr 2003 die Möglichkeit haben, mittels einer Zeitmaschine unsere Zukunft zu betrachten und zu verändern.

Aber wie in dem Film dargestellt, ergeben sich nicht nur Vorteile daraus, wie zum Beispiel schon die Lottozahlen vor der nächsten Ziehung zu kennen, sondern auch viele Nachteile, die unser Leben gerade so spannend machen, da wir vorher ja nicht wissen, was uns in unserer nahen und fernen Zukunft erwartet.

Und außerdem, was sollten wir dann mit den ganzen arbeitslosen Wahrsagern und Wetterfröschen machen?

Dieses Nichtwissen um die Zukunft und damit um die Richtigkeit unserer Entscheidungen macht doch gerade den Reiz und die „Würze" in unserem Leben aus. Da wir alle unsere Zukunft nicht kennen, konzentrieren Sie sich umso stärker auf Ihre Vergangenheit, um aus dieser dann für Ihre Zukunft zu lernen.

Ein gutes Beispiel ist hier die sogenannte Bankenkrise. Hier wurden über einen langen Zeitraum falsche und verheerende Fehlentscheidungen für die gesamte Weltwirtschaft getroffen, deren Auswirkungen wir alle noch lange, lange spüren werden.
Mit Recht sagen Sie nun, was konnte ich als „kleines Rädchen" in diesem großen Monopoly-Spiel gegen diese Zocker tun?

Die Antwort ist ernüchternd: Nichts!

Wir beschäftigen uns in diesem Buch ja auch nicht mit der großen Weltrevolution! Wir beschäftigen uns mit den kleinen Schritten, die für Sie zu großen Schritten werden. Wir reden von Entscheidungen, Chancen und Möglichkeiten, die sich ergeben, wenn wir die vielen kleinen Entscheidungen unseres Lebens bis hin zu den großen wieder bewusster und vor allen Dingen selbst treffen!

Sie sind eine „Zockernatur"?

Okay, dann treffen Sie die Entscheidung zu „zocken", aber dann müssen Sie sich auch nicht wundern, wenn dies öfters danebengeht und Sie pleite sind.

Ist es Ihr Geld, das Sie verzockt haben? Pech gehabt, riskiert und verloren.
Ist es aber das Geld Ihrer Familie, Ihrer Freunde, Ihrer Kunden? Dann müssen Sie sich darüber klarwerden, dass Ihre Entscheidung auch fatale Folgen für andere hat.

Überlegen Sie deshalb immer gut, wem Sie vertrauen, wie weit Sie jemanden vertrauen und welche Auswirkungen dieses Vertrauen für Sie haben kann.
Ein gesundes Misstrauen hat nie geschadet, gerade in Bezug auf unser liebes Geld nicht.

Die Auswirkungen der Bankenkrise haben jedoch dazu geführt, dass durch falsche Entscheidungen von *Personen* in den Banken Menschen ihre Arbeit und ihre Existenzgrundlage verloren haben, und dies, obwohl sie sich untereinander nicht einmal kannten.

Wenn ein guter und sozial eingestellter Firmeninhaber oder Geschäftsführer gezwungen wird, Mitarbeiter, die er gern weiterbeschäftigt hätte, zu entlassen, und dies alles nur, weil einige wenige Menschen zu gierig sind.
Wir sollten natürlich nicht so naiv sein und glauben, dass die Welt plötzlich besser wird, wenn alle dieses

Buch lesen und wir uns plötzlich der Tragweite mancher unserer Entscheidungen bewusst werden.
Viel zu unterschiedlich sind wir Menschen, viel zu vielschichtig die Konflikte auf dieser Welt …

… aber den Kopf in den Sand stecken bringt uns auch nicht weiter!

Denn: Hinter jedem „Tief" kommt auch wieder ein „Hoch"! ☺

Zweifeln

Gestern noch stand ich in einem Elektronikmarkt und wollte mir „eigentlich" einen neuen Fernseher kaufen. Obwohl ich mich zuvor ordentlich erkundigt hatte, Testberichte im Internet geprüft, Preise verglichen … und, und, und. Da stand ich nun und war mir auf einmal nicht mehr so sicher, ob dies die richtige Kaufentscheidung war.

Es ist gut, dass wir bei Entscheidungen manchmal auch Zweifel haben und sie deswegen neu überdenken. Es ist gut, dass wir täglich etwas Neues lernen, gleich ob bewusst oder unbewusst.

Warum nur habe ich die ganze Zeit dafür plädiert, sich schneller und bewusster zu entscheiden?
Warum sage ich nun, dass es gut ist, zu zweifeln und Entscheidungen stärker zu überdenken?

Würden wir nicht zweifeln, wären wir naiv, würden wir unsere Entscheidungen nicht überdenken, wären wir sehr naiv.
Zu zweifeln und Entscheidungen zu überdenken, ist eine sehr wichtige Überlebensstrategie!

Wenn wir dies nicht täten, wäre die Evolutionsgeschichte mit Sicherheit ganz anders verlaufen. Hätten wir uns in der Steinzeit dem Mammut nicht mit gebührendem Respekt und der nötigen Vorsicht genähert, wären wir schon bei der Jagd ums Leben gekommen und unsere Frauen und Kinder wären, am Lagerfeuer wartend, glatt verhungert.

Wenn Ihnen jemand ein lukratives Geschäft vorschlägt, hören Sie aufmerksam zu und zweifeln Sie.
Bevor Sie ein Haus bauen, überdenken Sie Ihre Entscheidung noch einmal ganz in Ruhe ... und zweifeln Sie.

Ganz gleich, was es ist, zweifeln Sie, und vor allem: Denken Sie noch einmal in Ruhe nach, bevor Sie sich letztendlich für oder gegen etwas entscheiden. Je weitreichender und weitgreifender eine Entscheidung ist, umso wichtiger ist es, dies zu berücksichtigen.

Die Konsequenzen aus einer, ja nur einer einzigen Entscheidung können ein ganzes Menschenleben verändern, positiv wie negativ. Ja, werden Sie nun mit Recht sagen, wo bleiben denn da die viel gepriesene Spontanität und der Spaß am Risiko im Leben?

Natürlich dürfen Sie spontan sein! Natürlich dürfen Sie sich auf Ihr Bauchgefühl verlassen und auch einmal Risiken eingehen. Doch bitte nur da, wo die Risiken auch überschaubar sind.

„Riskieren Sie ruhig mal etwas, aber riskieren Sie nicht gleich Ihr ganzes Leben!"

Es ist ein Unterschied, ob ich im Spielkasino einmal spontan 50 Euro auf Rot setze oder gleich mein gesamtes Erspartes. Oder noch schlimmer, mit geliehenem Geld spiele.

Als der Aktienmarkt anfing, auch die breite Masse zu erreichen, und alles möglich schien, war ich doch sehr überrascht, als ich nach der ersten Krise die Geschichten über die sogenannten „Opfer" hörte. Dies waren Menschen, die bei jungen, aufstrebenden Softwarefirmen arbeiteten, sie nahmen bei Banken Geld auf und kauften damit Vorzugsaktien bei ihren Arbeitgebern. Es waren Menschen, die auf den ersten Blick sehr intelligent waren …
Aber letztendlich haben sie mit ihrer Fehlentscheidung alles verloren, schlimmer noch, sie haben mehr verloren, als sie besaßen.

Liegen Sie bei Ihren spontanen Bauchentscheidungen immer richtig? Die Frage ist doch, wie hoch ist Ihre „Trefferquote"? Wenn Sie dies mit einer Trefferquote von – nun ja, sagen wir mal über 85 Prozent bestätigen können, dann herzlichen Glückwunsch, dann haben Sie ein tolles Bauchgefühl! Wenn Ihre Trefferquote jedoch unter 50 Prozent liegt, sollten Sie Ihr System zur Entscheidungsfindung noch einmal ernsthaft überdenken und es vor allem schnellstens überarbeiten.

Gehe ich in ein Spielcasino und setze ich beim Roulette immer auf die richtige Zahl, dann habe ich mich immer richtig entschieden und daher glücklich gewonnen.
Meine Trefferquote ist gut, mein Selbstvertrauen steigt und ich werde immer mutiger. Bis – ja, bis ich alles wieder verloren habe. Die Bankenkrise lässt grüßen ...

Es kann alles lange, sehr lange gut gehen, aber Sie müssen nur einmal total danebenliegen und schon haben Sie all Ihr bisher Erreichtes verloren.

Viele richtige Entscheidungen steigern mein Selbstvertrauen und Sie sollen ja auch, wie schon beschrieben, stärker eigene und vor allem bewusstere Entscheidungen treffen!

Nur nicht gleich so, dass Sie jedes Mal „Kopf und Kragen" riskieren.

Es gibt auf der Welt einige unglaubliche Glückspilze, es gibt Menschen mit großem Wissen und Erfahrungsschatz. Es gibt Menschen, die eine glückliche Hand bei all ihren Entscheidungen haben.

Wir „normalen" Menschen, wir müssen uns unser Wissen meist hart erarbeiten, sei es durch eine entsprechende Ausbildung oder durch Selbststudium. Aber so schaffen wir es im Laufe der Zeit, uns eine gute Basis für unsere Entscheidungen aufzubauen.

Starten Sie eine neue Ausbildung oder beschäftigen Sie sich mit neuen Themen, so müssen Sie Stück für Stück einen Erfahrungsschatz aufbauen, um letztendlich mit ihren späteren Entscheidungen richtigzuliegen.
Ein Lehrling ist nach seiner Prüfung halt noch kein Meister.

Als ich mit neun Jahren in unserem örtlichen Kanuverein meine ersten Paddelversuche startete, musste ich erst einmal viel „Wasser schlucken", bevor ich nach etlichen Trainingsstunden endlich im Boot blieb und dann irgendwann einmal sogar geradeaussteuern konnte.

Zu meiner Verteidigung sei noch erwähnt, dass man diese Boote „Kanadier" nennt und im Knien fährt, das Ganze also eine recht wackelige Angelegenheit ist.

Oft habe ich an meinem Erfolg gezweifelt, oft stand ich kurz davor, alles hinzuschmeißen. Aber ich schaffte es schließlich mit viel Ehrgeiz und noch mehr Ausdauer sogar bis zur deutschen Meisterschaft!

„Zweifeln ist gut,
aber durchhalten
und weiterkämpfen
ist besser!" ☺

An jedem Tag im Leben kann jeder etwas Neues erleben und daraus lernen. Seien und bleiben Sie offen für die Impulse, die Sie tagtäglich von Ihrer Umwelt und Ihren Mitmenschen erhalten.

Jeder heute noch so gute Herzchirurg hat auch einmal klein, und zwar an einem „toten Schwein" angefangen. Ja, bis er heute nach viel Übung und Leidenschaft an der Pumpe unseres Lebens operiert und uns so weitere Jahre schenkt. Erst mit Erfahrung, gleich ob studiert, angelesen oder praktisch erworben, sind Sie fit für die richtigen Entscheidungen.

Um diese Erfahrung aufzubauen, müssen wir uns entscheiden, heute, hier und jetzt und in der Zukunft.

Die Geschichte ist voll von Menschen, die vermeintlich richtige Entscheidungen fällten und Schlachten auf den Kriegsfeldern der Welt gewannen.

Siegten sie in der ersten Schlacht, zogen sie weiter und weiter, ihr Selbstvertrauen wuchs und wuchs. So kam es dazu, dass es auf dieser Welt vor einigen hunderten von Jahren von kleinen „Römern" nur so wimmelte, aber Größenwahn wird – zum Glück – letztendlich doch immer bestraft.

Zum Glück!!

Denn das zeigt die Weltgeschichte auch: Zum Glück reguliert sich letztendlich doch alles wieder zum Guten. Manches geht schneller und auf anderes müssen wir, gelegentlich schmerzhaft, länger warten.

So kam es zum Untergang des Römischen Reiches und auch das Dritte Reich konnte nicht bestehen, die Rassentrennung in Südafrika wurde aufgehoben, die Berliner Mauer ist gefallen. Manches dauert lange, einiges auf schmerzhafte Weise zu lange, aber letztendlich wird das „Richtige" die Oberhand gewinnen. Davon bin ich jedenfalls felsenfest überzeugt!

Frei nach dem Motto: „Tue Gutes und es wird dir auch Gutes widerfahren!"

Nicht nur unsere berufliche Kariere, auch unser privates Glück hängt sehr stark von unseren richtigen Entscheidungen ab. Gehen Sie mutig und voller Leidenschaft und Tatendrang an Ihre Entscheidungen heran. Riskieren Sie einmal etwas, auch wenn es nicht immer gleich auf Anhieb gelingt.

Jedoch sollten Sie sich sehr davor hüten, nach vielen richtigen Entscheidungen dann zukünftig weitere Entscheidungen mit Überheblichkeit, ohne Zweifel und Überlegung zu treffen.

Es ist schwierig und es wird auch immer schwierig bleiben, in jeder Situation immer zu wissen, wo unsere Grenzen sind. Wann ist es eine bewusste und vernünftige Entscheidung, wo ist es noch Spontanität und wo fängt der Leichtsinn an? Dies ist für jeden von uns unterschiedlich zu beurteilen. Doch eines ist immer gleich: Je mehr richtige Entscheidungen wir für uns treffen, umso selbstbewusster und glücklicher gehen wir durch unser weiteres Leben.

Deshalb ist es für uns sehr wichtig, Entscheidungen bewusst selbst zu treffen. Nur durch Entscheidungen, die wir persönlich getroffen haben, also unsere eigenen bewussten Entscheidungen, können wir uns persönlich weiterentwickeln. Nur durch unsere eigenen Entscheidungen können wir unser Selbstbewusstsein aufbauen, unser Leben gestalten, um so schließlich unser Glück und unsere Ziele zu erreichen. Was ist schon Glück? Reicht es nicht, einmal im Leben sechs Richtige im Lotto zu haben?

Tja, auch das ist wieder mal so eine Sache, bei der es darauf ankommt, aus welcher Perspektive Sie Glück betrachten. Was hilft einem letztendlich das viele Geld, wenn ich damit dann schlussendlich nicht wirklich glücklich werde. Das Geld erleichtert vieles im Leben gewiss …

Ja, ja, und es beruhigt auch. Aber habe ich gesundheitliche Beschwerden, die ich mit Geld nicht heilen kann, so hilft mir mein ganzes Vermögen auch nicht viel weiter.

Menschen, die mit Schmerzen schlafen gehen und mit Schmerzen erwachen, würden all ihr Geld geben, um nur wieder ein normales Leben führen zu können.

Wie soll ich mich richtig entscheiden, damit danach das Glück auch zu mir kommt? Welche Entscheidung muss ich treffen, damit ich glücklich bin?
Oft haben wir mehr Fragen als Antworten, oft zweifeln wir mehr, als mit Zuversicht zu handeln.

Sie müssen sich nun einmal mehr entscheiden: Wollen Sie wirklich glücklich sein oder möchten Sie sich weiterhin in einer Grauzone zwischen Glück und Unglück „im Nebel" hin und her bewegen? Es gibt mit Sicherheit eine Vielzahl von Gelehrten und Philosophen, schlaue Doktoren und Professoren, die dieses Buch wesentlich wissenschaftlicher hätten schreiben können. Sie hätten vermutlich auch diese Frage sehr wissenschaftlich abgehandelt und alles mit Studien untermauern können.

Aber, seien wir doch (wieder) einmal ganz ehrlich: Im Grunde ist es ganz einfach. Wir, ja genau wir, wir müssen doch nur eine richtige Entscheidung für uns treffen, die da einmal mehr lautet: Ja und noch einmal ja, ich möchte glücklich sein!

„Ich, ich, ja, ich möchte glücklich sein!"

Ja, ich möchte meine zuvor notierten Lebensziele erreichen! Ja, ich werde die negativen Gedanken nach hinten schieben! Ja, ich werde mein Glück durch meine Entscheidungen herbeiführen.

Mit diesem Grundsatz und mit dieser Entscheidung, wenn es nicht nur ein Lippenbekenntnis ist, haben Sie Ihre Ziele zu 80 Prozent schon erreicht. Wenn Sie jetzt noch 20 Prozent Durchhaltevermögen zeigen, dann kann in Ihrer Zukunft nichts mehr schiefgehen.

Die meisten von uns fahren ein Auto, ein gebrauchtes, ein neues, ein kleines, ein großes, ein billiges oder ein teures.
Irgendwann einmal mussten wir uns entscheiden, zu einer Kaufentscheidung kommen. Ob man diese Entscheidung heute, im Nachhinein bereuen soll oder nicht, das muss jeder für sich selbst beurteilen.

Sie haben vor der Unterschrift auf dem Kaufvertrag sicherlich abgewogen und gezweifelt, kauf ich lieber diesen oder doch lieber den anderen Wagen. Sie hatten einen finanziellen Rahmen zur Verfügung, den Sie je nach Verhandlungsgeschick überzogen oder unterschritten haben.
Haben Sie sich verkauft? Dann ärgern Sie sich fast bei jeder Fahrt über diese falsche Entscheidung.

Mit Sicherheit gehört dann diese Entscheidung zu denen, die Sie bereuen und gern rückgängig machen würden. Lernen Sie aus den Entscheidungen, die Sie bisher getroffen haben, beobachten Sie Ihr Umfeld und profitieren Sie von den Entscheidungen und Erfahrungen anderer. Hören Sie immer genau zu und schauen Sie immer genau hin!

Bei anderen sind wir meist schnell mit einem guten Ratschlag zur Stelle. Dort erkennen wir immer schnell und klar, was für denjenigen oder diejenige das vermeintlich Beste ist. Nur bei uns selbst fällt es uns meist unglaublich schwer, die richtigen Entscheidungen zu treffen.

Bin ich persönlich nicht betroffen, kann ich mit wesentlich weniger Emotionen an die Entscheidung herangehen. Somit spielen neben meinen rationalen, über den nüchternen Verstand getroffenen Entscheidungen auch noch meine Gefühle eine wesentliche und entscheidende Rolle bei meiner Entscheidungsfindung.

Geben wir anderen Personen einen Ratschlag, müssen wir ja letztendlich „die Suppe nicht auslöffeln", wenn es wieder einmal in die berühmte Hose geht. Darum ist Vorsicht geboten, wenn andere schnell mit guten Ratschlägen zur Stelle sind. Letztendlich sind Sie es aber, der für jede Ihrer Entscheidungen geradestehen muss.

Habe ich für mich richtig entschieden, fühle ich mich gut, dann bin ich mein eigener Held!

Zweifeln Sie stets bei Entscheidungen, aber vergessen Sie vor lauter Zweifel nicht, sich auch bewusst für oder gegen etwas zu entscheiden!

„Ja – nein – vielleicht."

Die ständigen Zweifler unter uns sind meist sehr unentschlossen und versuchen ständig andere in ihrem Umfeld auszubremsen und zu verunsichern. Wer kennt nicht Aussprüche wie: „Bist du dir sicher, bist du dir auch wirklich sicher?", „Ich weiß nicht, ob das gut geht ...", usw.

All dieses, das zu unserem eigenen „Selbstzweifel" noch hinzukommt, führt bei uns oft zu der Verunsicherung, ob wir eine getroffene Entscheidung letztendlich auch umsetzen sollen. Doch wenn wir unsere Selbstzweifel, unser Misstrauen und unsere Vorsicht nicht hätten, wären wir vermutlich schon längst ausgestorben.
Wenn aber Zurückhaltung und Selbstzweifel zur Lähmung führen und wir uns deshalb gar nicht mehr trauen, etwas zu entscheiden, dann kann es sogar zu einer Art „Lebensunfähigkeit" kommen. Als normaler Mensch schwanken wir täglich zwischen diesen Ja-/Nein-/Vielleicht-Entscheidungen hin und her.

Auf der einen Seite entscheiden wir uns in diversen Situationen viel zu schnell, während wir in anderen überhaupt nicht „aus den Strümpfen" und somit letztendlich zu keiner Entscheidung kommen.
Wie gesagt, im Normalfall pendeln wir täglich immer zwischen Ja, Nein und Vielleicht hin und her.

Jedoch – und das ist die gute Nachricht – bei den meisten Menschen pendelt sich alles auf ein gesundes

Maß ein. Da dies Gott sei Dank so ist, ist ein gutes Miteinander möglich. Wären wir alle nur sture Egoisten, hätten wir vermutlich kaum Freunde und wenig Freude am Leben.

Herausforderungen

Machen Sie einmal etwas für Sie Außergewöhnliches, probieren Sie einfach mal etwas Neues aus!

Sie haben noch nie auf einem Pferd gesessen? Dann gehen Sie zu einem Reitstall in Ihrer Nähe und melden Sie sich dort für eine Reitstunde an!

Sie wollten schon immer einmal Golf spielen? Gönnen Sie sich doch ruhig einmal eine „Schnupperstunde".

Aber wichtig ist: <u>Tun</u> Sie es!

Auch wenn Sie später feststellen, dass dies nicht Ihr neues Hobby wird, wird Sie dieses Erlebnis bereichern und glücklicher machen. Denn Sie haben sich für etwas entschieden, Sie haben sich aufgerafft und ggf. dabei Ihre Ängste überwunden.

Und Sie haben ganz nebenbei auch noch festgestellt, was Sie nicht möchten.
Dies nennt sich dann „Ausschlussverfahren" (eine Technik zur Entscheidungsfindung).

Es ist neben der Pro-und-Contra-Liste eine weitere Technik zur Entscheidungsfindung: Ich probiere etwas, um dann zu entscheiden, ob es mir Spaß macht und mein Herz wirklich daran hängt.

Ich persönlich habe einen Segelschein gemacht, um dann festzustellen, dass mir das Segeln nicht so viel Freude bereitet, wie ich ursprünglich dachte. Ich war mit meiner Frau in einer Tanzschule ... am dritten Abend standen wir kurz vor der „Scheidung". ☺ Was soll ich sagen, Tanzen ist nicht unser gemeinsames Hobby geworden.

Als Jugendlicher habe ich mich und meine Nachbarn mit einer Gitarre gequält, bis ich schließlich selbst eingesehen habe, dass ich einfach nicht musikalisch bin.

Raffen Sie sich auf! Wenn Sie sich nicht aufrappeln, um sich einer neuen Herausforderung zu stellen, wer dann?

Es ist Ihr Leben und es ist Ihre Zeit, es ist Ihre Lebensuhr, die sich nicht zurückdrehen lässt. Heute nicht und morgen erst recht nicht.

Sie sind noch nie in einem Flugzeug geflogen, Sie sind noch nie über eine Hängebrücke gelaufen, Sie haben noch nie vor einer Gruppe von Leuten gesprochen? <u>Tun</u> Sie es!
Auch dieses Erlebnis wird Sie bereichern und Ihnen Mut für weitere Entscheidungen geben.

„Sie wachsen mit Ihren Entscheidungen und werden gestärkt durch Ihre Taten."

Können Sie Ihre Ängste alleine nicht überwinden, dann suchen Sie sich professionelle Unterstützung. Arbeiten Sie an sich, Stück für Stück.

Sie müssen sich schon entscheiden: Wollen Sie weiterhin der Sklave Ihrer Ängste sein oder wollen Sie sich weiterentwickeln, um in Zukunft freie, bewusstere Entscheidungen für sich zu treffen, Entscheidungen, die nicht von Ängsten und Zwängen bestimmt sind?

„Sie können alles erreichen, wozu Sie sich entscheiden! Grenzen waren gestern, heute entscheiden Sie!"

Sie haben zwar einen Führerschein, doch fühlen sich in bestimmten Situationen überfordert oder unsicher? Dann melden Sie sich schon morgen zu einem Fahrsicherheitstraining an. Dabei verlieren Sie Ihre Ängste und lernen gleichzeitig noch Menschen kennen, die die gleiche Schwäche haben.

Sie haben das Gefühl, Sie sind beruflich festgefahren? Sie sind unzufrieden mit sich, mit allem, dem Ganzen und überhaupt?

Ein guter Freund hat mir vor Kurzem mitgeteilt, dass er seinen jetzigen Job gekündigt hat. Seit mehr als zwei Jahren war er unzufrieden mit seiner beruflichen Entwicklung. Obwohl er bei seinem alten Arbeitgeber fast 18 Jahre lang beschäftigt war, sich dort im Laufe der Zeit erfolgreich weiterentwickelt hat, trug er das Gefühl einer steigenden Unzufriedenheit in sich. Sein neuer Arbeitgeber bot ihm eine bessere Perspektive, bessere Konditionen und eine vielversprechende Weiterentwicklung. Obwohl er für sechs Monate eine Wochenendbeziehung führen musste, nicht wusste, ob er mit dem neuen Arbeitgeber zufrieden sein würde, hat er es gewagt und sich der neuen Herausforderung gestellt. Er hat diesen Schritt zuerst selbst und dann mit seiner Frau gemeinsam entschieden!

Heute arbeitet er bei einem der führenden Automobilhersteller in Deutschland und ist mit seiner Entscheidung voll und ganz zufrieden, glücklich darüber, den Schritt gewagt zu haben.

Manchmal dauert es ein wenig länger vom ersten Gefühl der Unzufriedenheit bis zur endgültigen Entscheidung.

Weitgreifende Entscheidungen wollen und sollen immer gut überlegt sein. Wie gesagt, zweifeln Sie ruhig, aber zum Schluss sollte es als Ergebnis immer eine Entscheidung geben.

„Ja – nein – vielleicht."

Sollte sich Ihre innere Unzufriedenheit länger hinziehen und der Hintergrund ist nicht, dass Sie an einer längerfristigen Krankheit erkrankt sind, dann, ja dann sollten Sie sich einmal mehr die Frage stellen:

Warum ist es so, wie es ist?

Bevor Sie jedoch anfangen, in Selbstmitleid zu zerfließen und alle anderen für Ihre Situation verantwortlich zu machen, stellen Sie sich doch einfach eine klare Frage:

Was ist passiert? Warum fühlen Sie sich so, wie Sie sich gerade fühlen? Woran hat es gelegen, dass Sie sich gerade jetzt so unwohl fühlen?

Seien Sie ehrlich zu sich und vor allem sehr, sehr selbstkritisch. Überlegen Sie genau, warum es so ist, wie es ist.
Notieren Sie sich Ihre Gedanken, schreiben Sie alles der Reihe nach auf. Auf ein Blatt Papier das Positive und auf ein anderes Blatt das Negative.

Vielleicht fangen Sie sogar mit Kindheit, Schulzeit, Berufsausbildung, Hobbys, Eltern, Freunden und Bekannten an. Natürlich können auch andere eine Mitschuld an Ihrem Zustand haben, aber Sie selbst entscheiden heute, im Hier und Jetzt darüber, ob Sie dies auch zukünftig zulassen möchten! Fertig?

Was wünschen Sie sich, was möchten Sie erreichen? Welchen Herausforderungen möchten Sie sich noch stellen?
Denken Sie immer daran, Sie können das Vergangene nicht ändern! Sie müssen die Vergangenheit akzeptieren und Ihren Frieden damit machen. Lassen Sie die negativen Gedanken los und behalten Sie die positiven Gedanken fest in Ihrer Erinnerung.

Die negativen Erfahrungen stufen Sie als „Erfahrung gesammelt und daraus gelernt" ein. Ist es Ihnen wichtig, Ereignisse aus der Vergangenheit klarzustellen, dann machen Sie das. Sprechen oder schreiben Sie jemanden an, der Sie verletzt hat. Machen Sie ihm oder ihr deutlich, wie sehr Sie das getroffen hat. Sie haben jemanden beleidigt oder zu Unrecht schlecht behandelt? Zeigen Sie Größe und entschuldigen Sie sich bei dieser Person. Auch dann, wenn dies vielleicht schon eine neue Herausforderung darstellt.

Haben Sie alles notiert?

Dann nehmen Sie nun das Blatt mit den zuvor notierten negativen Erinnerungen, zerreißen Sie es und werfen Sie das Blatt in den Papierkorb!

Schließen Sie auf diese Weise symbolisch mit Ihren negativen Erinnerungen ab!

Konzentrieren Sie sich nur noch nach vorn, nach vorn in Richtung Glück, Wünsche und Zukunft! Ihr Glück, Ihre Wünsche, Ihre Zukunft!

Notieren Sie sich Ihre Wünsche und Ziele für die Zukunft, ganz gleich, wie alt Sie sind.

Sollten Sie jedoch über, sagen wir einmal 80 Jahre alt sein, so dürfte ein Marathon unter drei Stunden schon ein Ziel sein, welches nahezu unerreichbar ist. ☺
Überprüfen Sie Ihre zuvor notierten Ziele und Wünsche, schlafen Sie eine oder auch zwei Nächte darüber. Dann lesen Sie Ihr Notiertes noch einmal ganz sorgsam und sorgfältig durch. Hinter jedem Ihrer Wünsche, hinter jedem Ihrer Ziele steckt immer eine Herausforderung. Die Herausforderung an sich selbst, sich diesen Wünschen und Zielen auch zu stellen.

Da meine Eltern mit uns als Kinder wenig gereist sind und ich eher in einer dörflichen Gegend aufgewachsen bin, hat es mich sehr interessiert, was es hinter dem nächsten Ortsschild zu entdecken gibt.

So hat es mich schon immer in die Welt hinausgezogen, dies ganz zum Unverständnis meiner Eltern. Als ich genügend gespart hatte, kaufte ich mir mein erstes Motorrad und ein Zelt. Dann fing ich an, Europa zu entdecken. Irgendwann hatte ich genügend Geld zusammen und es zog mich weiter, nach Afrika, Asien, Amerika, Kanada … und meine Wunschliste ist immer noch nicht ganz „abgearbeitet". ☺

Auch wenn ich nicht immer das antraf, was ich erwartet hatte, so war jede Reise für sich eine Erfahrung und eine Bereicherung für mich. Erfahrungen, die ich nicht missen möchte.

Sie müssen heute zum Glück nicht gleich jede negative Erfahrung mehr selber machen. Informieren Sie sich, lernen Sie aus den Erfahrungsberichten anderer und filtern Sie die für Sie wichtigen Informationen heraus. Informieren Sie sich nicht erst, nachdem die Entscheidung gefallen ist, informieren Sie sich intensiv, bevor Sie Entscheidungen treffen!

Sie wollen eine neue Sprache lernen? Melden Sie sich bei einem Sprachkurs an, stellen Sie sich dieser Herausforderung. Sie wollen nicht gleich so viel Geld ausgeben, dann gehen Sie zur Volkshochschule in Ihrer Stadt. Dort treffen Sie Gleichgesinnte, mit denen es bestimmt mehr Spaß macht, gemeinsame Ziele zu verfolgen und sie auch zu erreichen. So können Sie jedes Ihrer Ziele und jeden Ihrer Wünsche erreichen, wenn Sie sich nur einmal intensiv mit Ihren wahren Zielen und Wünschen auseinandersetzen.

Sie schätzen die negativen Konsequenzen aus einer Entscheidung geringer ein als Ihr zukünftiges Glück?

Treffen Sie eine Entscheidung!

Worum geht es:

Ich entscheide mich: Ja!   Nein!
(Unterstreichen Sie Ihre Entscheidung.)

Lange habe ich mit dem Gedanken gespielt, mich selbstständig zu machen, um meine Ideen und persönlichen Vorstellungen frei verwirklichen zu können. In dieser Zeit habe ich mich immer wieder mit Aufgaben abgelenkt, die mich gefordert haben, gern auch für meinen damaligen Arbeitgeber gearbeitet.

Voller Tatendrang habe ich mich so auf die jeweiligen, immer neuen Herausforderungen gestürzt. Hatte so immer eine prima Entschuldigung dafür, mich nicht näher mit meinem persönlichen Ziel der Selbstständigkeit beschäftigen zu müssen. Letztendlich brachte mich dann ein Schlüsselerlebnis meinem Ziel näher. Manchmal benötigt jeder einen kleinen Anstoß, einen Impuls von außen, um sich einer neuen Herausforderung zu stellen. Wichtig dabei ist nur, dass wir dies rechtzeitig erkennen und dann auch entsprechend handeln.

Ich habe für mich aus dieser, meiner eigenen Situation noch einmal gelernt, dass die Zeit für eine Entscheidung reif sein muss. Die Zeit, in der ich mich nicht entscheiden kann oder möchte, weil ich unentschlossen bin, ist letztendlich verlorene Zeit, meine verlorene

Zeit. Wir werden nicht jünger und können die Zeit auch nicht zurückdrehen. Seien Sie immer sehr ehrlich zu sich, gleich um welche Art von Entscheidung es sich handelt.

Was wollen Sie wirklich, wo liegen Ihre Ziele? Sind Sie schon auf dem Weg zu Ihren persönlichen Zielen oder lassen Sie sich noch bewusst oder unbewusst von Ihren Zielen und Wünschen abbringen? Verdrängen Sie keine Entscheidung! Entscheiden Sie sich bewusst, dafür oder dagegen! Sind Sie noch unsicher, dann nutzen Sie Analysemöglichkeiten zur Entscheidungsfindung, dass Einfachste ist hier die Pro-und-Contra-Checkliste.

Entscheidend ist, dass Sie sich mit der Entscheidung gedanklich beschäftigen und letztendlich zu einem Ergebnis kommen. Haben Sie sich intensiv mit einer Entscheidung beschäftigt und sich umfassend informiert, auch einmal länger im Internet recherchiert? Dann werden Sie sehen, dass Sie zukünftig wesentlich schneller zu einer Entscheidung kommen. Sie sollten diesen Aufwand natürlich nicht betreiben bei Entscheidungen, die es nicht wert sind. Bei weitgreifenden Entscheidungen, die Ihr zukünftiges Leben maßgeblich prägen und auch verändern, sollten Sie auf keinen Fall zu voreilig eine Entscheidung treffen.

Sind Sie mit Ihrer beruflichen Situation unzufrieden, bereitet Ihre Ehe oder Partnerschaft Ihnen Kummer und Bauchschmerzen?

Hier sollten Sie sich auf jeden Fall die Mühe machen, die gesamte Situation einmal gründlich zu durchleuchten und ausgiebig zu analysieren. Kommen Sie dabei alleine nicht weiter, suchen Sie den Dialog mit Freunden, die Sie gut kennen und auf deren Urteil Sie vertrauen. Oder gehen Sie zu einer professionellen Beratung, um sich so mehr Klarheit über Ihre Situation zu verschaffen.

Sind Sie mit Ihrer beruflichen Situation nicht mehr zufrieden? Sprechen Sie mit Ihrem Arbeitgeber über mögliche neue Perspektiven, sprechen Sie mit Ihrem Partner über Ihre Unzufriedenheit, Vorstellungen und neuen Ziele. Aber denken Sie immer dran. „Der Ton macht die Musik." Soll heißen: Führen Sie ein ruhiges Gespräch, bei dem Sie natürlich schon vorher wissen sollten, was Sie möchten und was Sie zukünftig nicht mehr möchten. Aber bitte nicht gleich so vortragen, sodass sich Ihr Gegenüber komplett vor dem Kopf gestoßen fühlt. Geben Sie ihr/ihm die Gelegenheit, Ihren Gedanken und Argumenten zu folgen. Sie können nicht erwarten, dass er bzw. sie sofort zu Ihrem Erkenntnisstand aufschließt. Bedenken Sie, dass Sie sich mit der Angelegenheit schon länger und ausgiebig beschäftigt haben. Für Ihren Gesprächspartner handelt es sich zumeist um eine völlig neue Situation.

„Äußern Sie sich immer klar und verständlich!"

Nehmen Sie Ihr Leben in die eigene Hand. Lassen Sie sich Ihre Entscheidung nicht von anderen abnehmen. In dem Film *Ghost Rider* mit Nicolas Cage kommt ein entscheidender Satz vor: „Wenn du dich nicht entscheidest, entscheiden andere für dich."

Also entscheiden Sie bewusst selbst!

Selbst zu entscheiden bedeutet auch, seinen eigenen Weg zu suchen, ihn weiterzugehen und auch dann durchzuhalten, wenn es nicht immer leicht ist und wir gelegentlich mit Rückschlägen und Misserfolgen zu kämpfen haben.

Selbst zu entscheiden bedeutet auch, an seiner eigenen Persönlichkeit zu arbeiten und für seine Entscheidungen geradezustehen.

Schon die Geschichte zeigt, dass nur solche Menschen das Weltgeschehen maßgeblich gelenkt und beeinflusst haben, die Entscheidungen herbeiführten. Sie mussten Rückschläge verkraften, sich gegen Widerstände, Neider und falsche Ratgeber durchsetzen. Vielleicht ist unser Ehrgeiz nicht gleich der, Weltgeschichte zu schreiben und uns mit unseren Entscheidungen in den Geschichtsbüchern zu verewigen. Aber wir sollten uns schon darüber klarwerden, dass wir nur mit bewussten Entscheidungen unser Leben maßgeblich prägen werden. Nur so werden wir uns stetig und konsequent unseren eigenen Zielen nähern.

Nun ist unser Bestreben und unser Ziel nicht immer gleich eine Weltrevolution, unser Glück und unsere Ziele liegen vielmehr in anderen Bereichen unseres Lebens. Jeder von uns hat da andere Vorstellungen über Glück und Zufriedenheit: das Herz der neuen Nachbarin oder Kollegin erobern, ein fernes Land bereisen, sich ein neues Auto zu kaufen, mit dem Hund spazieren gehen, im Verein mit Freunden zu trainieren … und, und, und.

Ich persönlich fühle mich auch glücklich, wenn ich von einer Jogging-Runde, zwar abgekämpft, aber zufrieden zurückkomme. Auch wenn ich mit meinem Motorrad bei Sonnenschein einfach nur durch die Gegend fahre …

Es ist gut, dass wir nicht alle das Glück in der gleichen Form suchen. Stellen Sie sich nur einmal vor, wir würden alle den gleichen Menschen als Partner begehren, das würde mit Sicherheit eine Weltrevolution auslösen. ☺

Aber zum Glück ist das Leben bunt und vielfältig!

Es ist immer einfacher, andere zu kritisieren oder im Nachhinein „klugzuscheißen" wie: „Das habe ich doch gleich gesagt, dass das nicht funktionieren kann …", als für seine eigene Entscheidungen einzustehen und sie zu vertreten. Auch dann, wenn es vielleicht doch einmal eine falsche Entscheidung war und wir uns hinterher darüber wohl am meisten ärgern.
Nachher weiß man es sowieso immer besser, aber wo wären wir heute, wenn wir nicht Fehler gemacht hätten?
Das Rad wäre nie erfunden, Amerika viel später entdeckt worden.

Klar gibt es Menschen, die in ihrer Entscheidungs- und Trefferquote voll danebenliegen, weil sie zu stark ihren Emotionen folgen oder sich negativ beeinflussen lassen.

Es gibt zum Beispiel viele Männer und Frauen, die immer dem gleichen Partnerbild folgen, und dies, obwohl sie im „tiefsten Inneren" wissen, dass sie mit diesem einen Partner nie glücklich werden. Aber da

Sie sich mit diesem Buch auseinandersetzen und es lesen, gehe ich einmal sehr stark davon aus, dass Sie ein Mensch sind, der sich Gedanken über seine Entscheidungen macht und sich persönlich gern weiterentwickeln möchte.

Jeder von uns hat in seinem Leben die eine oder andere falsche Entscheidung getroffen und musste somit vielleicht auch den einen oder anderen Rückschlag hinnehmen. Entscheidend ist jedoch nicht, wie viele Rückschläge uns treffen, entscheidend ist, dass wir immer wieder aufstehen und uns nicht unterkriegen lassen.

War der rechte Weg der falsche, versuchen wir es mit dem linken, ist links der falsche Weg, gehen wir geradeaus. Kommen wir in dieser Richtung auch nicht weiter, können wir auch schon einmal umkehren, um dann wieder nach vorne zu gehen. Ganz gleich, wohin wir uns auch wenden, wir lassen uns nicht unterkriegen. Selbst dann nicht, wenn wir einmal auf der Stelle treten, um uns so neu zu orientieren.

Es gibt im Leben viele Schicksalsschläge, die ein Volk, einen Menschen treffen können. Der Sinn und die Ungerechtigkeit dahinter werden uns vielleicht immer ein Rätsel bleiben. Oft fragen wir uns: Warum gerade ich, warum haben andere so viel mehr Glück als ich?

Es gibt Menschen, die profitieren von dem Erfolg ihrer Vorfahren und haben dadurch eine bessere Ausgangssituation im Leben. Doch wenn wir ständig nur auf andere schauen und uns deren Glück vor Augen führen, uns in Selbstmitleid oder Neid ergießen, werden wir nie anfangen, uns auf die eigenen „Hinterbeine" zu stellen und uns richtigerweise auf uns selbst konzentrieren.

„Hätten" meine Zweifel gewonnen, hätte ich dieses Buch nie geschrieben.

Natürlich kann ich mir eine Talkshow anschauen, auch einmal eine schlechte, um vermeintlich Interessantes von anderen zu erfahren. Ich persönlich sehe auch gern Sendungen mit Erfahrungsberichten von Menschen, die sich der Herausforderung einer Auswanderung gestellt haben. Sie haben eine Entscheidung getroffen und dann entsprechend gehandelt. Ich nehme teil an den Erfahrungen, die andere gemacht haben, lerne für mich daraus und ziehe meine persönlichen Rückschlüsse. So ist mir persönlich klargeworden, dass ich heute froh bin, nicht ausgewandert zu sein, da ich mein jetziges Leben doch sehr zu schätzen weiß. Okay, das Wetter könnte in Deutschland natürlich besser sein! ☺

Sie sollten solche oder andere Erfahrungsberichte als Informationsquelle nutzen, um daraus für sich zu lernen. Sie sollten darüber nur nicht vergessen, Ihre eigenen Ziele zu verfolgen, um so Ihr eigenes Leben zu leben. Leben Sie nicht „über" andere Menschen, verfolgen Sie Ihre eigenen Ideen und Vorstellungen, suchen Sie sich Ihre eigenen Herausforderungen.

Sie sollten sich einmal mehr die Frage stellen: Was kann ich selber tun, um ein glückliches und zufriedenes Leben zu führen. *Ich ist hier das zentrale Wort. Nicht die anderen, sondern ich selbst!*

Es gibt immer mehrere Perspektiven und Sichtweisen auf die Dinge. Welche passt zu Ihnen?

Haben Sie noch die sogenannte „Frosch-Perspektive"?

… oder haben Sie sich schon einen Überblick verschafft?

Es gibt Menschen, die sind reich und haben vielleicht den dritten Porsche in der Garage stehen. Sind sie aber wirklich glücklicher, obwohl sie viele materielle Dinge besitzen? Finanziell reich zu sein, ist keine Garantie für Glück!

Ihr Glück kann auch entstehen, wenn Sie sich zukünftig bewusst selbst entscheiden. Wo liegt Ihr wahres Glück, wo liegen Ihre wahren Ziele? Blättern Sie noch einmal zurück und schauen Sie auf Ihre Liste! Sind dies noch Ihre wahren Ziele?

Alleine dadurch, dass Sie sich mit diesem Thema beschäftigen, werden Ihre Gedanken und Ihr Unterbewusstsein um das Thema „Entscheidungen" kreisen, und wenn Sie bei Ihren zukünftigen Entscheidungen verunsichert sind, so werden Sie sich automatisch schneller und bewusster für oder gegen etwas entscheiden, wenn, ja wenn Ihnen Ihre Lebensziele klar sind!

Auch wenn das mit dem schnelleren und bewussteren Entscheiden nicht gleich auf Anhieb klappt, dürfen Sie nie aufgeben und sollten immer den positiven Aspekt der Entscheidungsfindung betrachten.

Es ist wie im Sport: Um richtig gut zu werden, müssen wir trainieren, trainieren und noch einmal trainieren.

Und mit jedem Training werden wir besser und besser, schneller und schneller, stärker und stärker ...
Wenn wir überhaupt keine eigene Entscheidung treffen, lassen wir uns treiben oder – schlimmer noch – wir lassen es zu, dass andere über unseren Kopf hinweg Entscheidungen für uns und unser Leben treffen. Dann führen wir ein Leben, welches „fremdbestimmt" ist. Sollte uns dies erst im Alter bewusst werden, sind wir unzufrieden und frustriert. Weil, ja weil wir uns beizeiten nicht selbst entschieden haben.
Die Lebensuhr lässt sich für keinen anhalten, geschweige denn umkehren, deshalb entscheiden Sie ab jetzt bewusst und selbst! Sicher werden Sie jetzt sagen, das hört sich ja alles ganz nett an, aber wie ist es denn zum Beispiel mit der Politik in meinem Land? Täglich werden von Politikern Entscheidungen über meinen Kopf hinweg getroffen, deren Auswirken mich betreffen. Hier kann ich überhaupt nichts beeinflussen. Wer hat zum Beispiel schon gern ständig Steuererhöhungen, sei es durch die Vorder- oder die Hintertür?
Das ist teils richtig, aber teils auch falsch. Der einzelne Politiker kann seine persönlichen „Meinungen" und Entscheidungen selten allein durchsetzen. Hier spielt es eher eine Rolle, inwieweit er die Richtung und die Auswirkungen einer Entscheidung mittragen und mit seinem Gewissen vereinbaren kann. Denken wir an die Politiker (auch wenn es meiner Meinung nach noch zu wenige waren), die zurückgetreten und somit ihrem Gewissen gefolgt sind, mit allen persönlichen Konsequenzen.

Wenn wir aber aus Frust und Protest nicht zur Wahl gehen, können wir uns auch nicht entscheiden. Nicht entscheiden für oder gegen ein Programm, eine Richtung, einen Politiker oder letztendlich für das „kleinere Übel".

Entscheide ich mich dazu, nicht zur Wahl zu gehen, passiert es schon wieder: Ich überlasse es „den anderen", über meinen Kopf hinweg Entscheidungen zu treffen. Die Auswirkungen sehen und erleben wir ja täglich.

„Jede Entscheidung hat eine Konsequenz, mal eine kleine, mal eine große."

Die wichtigste Frage, die wir uns immer wieder stellen müssen, ist doch: Sind wir dazu bereit, mit der Konsequenz einer Entscheidung zu leben? Oder können wir es eher ertragen, mit dem Resultat zu leben, wenn andere für uns entscheiden? Stehen wir morgens beim Bäcker vor der Entscheidung, ein Mohnbrötchen oder ein Sesambrötchen zu kaufen, hat dies natürlich nicht die gleiche Auswirkung auf unser zukünftiges Leben, als wenn wir vor der Entscheidung stehen, uns auf eine heiße Affäre einzulassen. Ja, ja, das Leben kann schon ganz schön schwierig sein …

„Entscheide selbst, aber sei dir über die Konsequenz stets im Klaren."

Natürlich sollten wir selbst entscheiden, das soll aber nicht heißen, dass wir keine Ratschläge von anderen mehr annehmen und uns bei wichtigen und weitgreifenden Entscheidungen keinen umfassenden Rat einholen sollten.
Wenn wir ein Problem mit dem Auto haben und nicht gerade Automechaniker sind, suchen wir ja auch eine Werkstatt mit professioneller Hilfe auf.

Wenn wir starke persönliche Probleme haben, wenden wir uns meistens an gute Freunde und vertrauen auf ihre Erfahrung und ihr gutes Urteilsvermögen.
Warum handeln und reagieren wir so? Natürlich, der Rat der Freunde ist umsonst, sie kennen uns vermeintlich am besten und – nicht zu vergessen – dies ist bequemer, als einen Termin mit einem Fremden zu vereinbaren, um dann dort womöglich über unsere tiefsten und intimsten Gefühle und Gedanken zu sprechen. Natürlich können wir uns mit unseren

Freunden beratschlagen und uns von ihnen helfen lassen, aber wir sollten uns auch darüber im Klaren sein, dass es sehr hilfreich sein kann, zur rechten Zeit professionelle und unabhängige Hilfe in Anspruch zu nehmen, die uns mit der nötigen Distanz und Ausbildung einen notwendigen Rat einmal aus einer ganz neuen Perspektive geben kann.

Ein ganz schwieriges Thema, vielleicht nicht für jeden, aber zumindest für diejenigen unter uns, denen es schwerfällt, sich vor sich und vor anderen für eine falsche Entscheidung zu entschuldigen.
Ganz ehrlich, das fällt auch mir nicht immer leicht! Besonders dann nicht, wenn ich dies gegenüber Personen tun muss oder müsste, bei denen ich von vornherein weiß, dass sie dies gern schamlos für sich ausnutzen. Deshalb ist es schwierig, einfach pauschal zu sagen, dass wir uns immer gleich dafür entschuldigen sollten, wenn wir einen Fehler gemacht und falsch entschieden haben. Gelegentlich ist es besser, im Stillen aus unseren Fehlern zu lernen. Oft war ich jedoch überrascht, welches positive Feedback mir bei einer Entschuldigung entgegengebracht wurde. Dies gibt mir den Mut, mich auch zukünftig zu entschuldigen, wenn dies angemessen ist.

Wenn ich jemanden beleidige, beschimpfe, ihn verbal angreife, dann habe ich mich dazu entschieden, dies zu tun, und ich tue dies mit den gewählten Worten. Meistens geschieht dies aus einer emotionalen Stim-

mung heraus. Ich bin verärgert, ich bin „auf 180" und hatte einen Tag voller Stress und Sorgen.
Eine Entschuldigung für einen solchen Ausraster ist immer schnell gefunden.
Auch hier gilt: Das einmal Gesagte können Sie nicht mehr zurücknehmen! Es ist unwiderruflich aus Ihrem Mund gekommen. Ja, Sie können sich natürlich entschuldigen und es bedauern. Sollten aber Ihre verbalen Äußerungen Ihren Gesprächspartner so stark verletzt haben, dass sich das Gesagte tief in sein Unterbewusstsein eingebrannt hat, bleibt es für immer zwischen Ihnen.

Bei Entscheidungen spielen oft auch Emotionen eine wichtige Rolle. Deshalb ist es sehr wichtig, unser seelisches Gleichgewicht zu finden und zu halten.
Es gibt Menschen die es nie gelernt haben, auf ihre „innere Stimme" zu hören und körperliche Signale richtig zu deuten. Ganz gleich, was wir anstellen, unser Körper und unser Geist sind immer dabei. Wir können zwar „geistig" in Urlaub fahren, wobei ich hier eher vom Träumen sprechen würde, aber wir sind an unseren Körper und an unseren Geist gebunden. Wir sind eins und bleiben eins, wir wurden als Ganzes geboren, haben mehr oder weniger viel gelebt und erlebt. Wir werden auch als „eins" wieder von dieser Welt gehen. Der Ausdruck „vor sich selber weglaufen" sagt sehr knapp und genau, was wir gern in gewissen Situationen tun möchten. Für jedes noch so großes Problem gibt es aber immer eine Lösung!

Wenn wir die Lösung alleine nicht finden, sollten wir uns Hilfe suchen und uns auch helfen lassen. Wenn wir körperliche Beschwerden haben, suchen wir den Rat eines guten Arztes oder eines Heilpraktikers. Haben wir seelischen Kummer und unsere Freunde und/oder Familie können uns nicht helfen, suchen wir einen Therapeuten auf, wenn wir gläubig sind, fragen wir vielleicht nach religiösem Beistand und Rat. Mit Sicherheit bedeutet dies nicht, immer den leichten Weg gehen. Wer offenbart sich schon gern vor „Fremden"? Aber wer hat schon behauptet, dass es immer leicht im Leben ist? Leider können wir die Jäger aus der Steinzeit nicht mehr befragen. „Hey, war doch bestimmt ganz easy, das Mammut umzuhauen, um etwas zum Essen zu haben, oder?"

<u>Wir</u> müssen uns entscheiden!

Vieles von dem, was Sie bisher gelesen haben, ist für Sie bestimmt nicht neu, natürlich nicht! Heute werden wir mit Informationen überschüttet und haben fast alles schon einmal gehört und gesehen. Aber wenn dies so ist, warum machen wir dann den einen oder anderen Fehler immer wieder? Warum fallen wir immer auf die gleichen Typen herein? Warum haben es Trickbetrüger so leicht und warum benötigen wir nur einige wenige Schlüsselwörter und schon gehen wir auf die Palme?

Wäre es nicht schön, wenn wir unser gesamtes Wissen stärker für uns nutzen und unsere Entscheidungen immer klar und rational treffen könnten? Auch das wäre letztendlich nicht sonderlich erstrebenswert. Wir wären dann nichts anderes als emotionslose Roboter! Aber bei wirklich wichtigen Entscheidungen in unserem Leben sollten wir stets daran denken – uns bewusst selbst zu entscheiden.

„Ja – nein – vielleicht!"
Ja! Zu unseren Wünschen und Zielen!

Einer meiner Jugendträume war es, Pilot zu werden und Helikopter zu fliegen. Viele Gründe führten dazu, dass ich dieses Ziel nicht verwirklicht habe. Heute, mit Abstand, bin ich auch nicht mehr ganz so traurig, dass ich beruflich einen anderen Weg eingeschlagen habe. Lange Zeit war es nicht möglich, einen Helikopter ohne eine entsprechende Ausbildung zu fliegen. Heute jedoch darf jeder, unter Anleitung eines erfahrenen Lehrers, bei einer „Schnupperstunde" einen Helikopter (fast) allein steuern. Als ich genügend Geld gespart hatte, habe ich mir dann auch diesen Wunsch erfüllt. Es war ein unglaubliches Erlebnis, welches ich nicht missen möchte. Nachdem ich mich an die Höhe und die ungewohnte Perspektive gewöhnt hatte, durfte ich diverse einfache Manöver selber fliegen. Zwar war ich total verkrampft und angespannt, bin jetzt aber vollkommen glücklich und froh darüber, dass ich mir diesen Wunsch erfüllt habe.

Gestern gestorben,
heute will ich leben ...

... sorry, zu spät!

Lebe heute dein Leben und genieße jeden Tag. Oft vergessen wir im täglichen Alltagsstress, was unsere wahren Wünsche und Ziele im Leben sind. Jeder für sich hat eine eigene Vorstellung von Glück. So gibt es Menschen, die nur glücklich sind, wenn sie sich einer sportlich „extremen" Herausforderung stellen. Eine davon ist der sogenannte „Marathon des Sables" in Marokko.

Hier laufen die Teilnehmer sieben Tage lang 230 km durch die Wüste. Das ist keine Frage der Vernunft mehr, es geht nur noch um den Willen. Die Läufer müssen sich schon sehr gut vorbereiten, um einer solchen Herausforderung gewachsen zu sein, körperlich und auch mental.

„Achten Sie auf Ihre Entscheidungen,
sie können Ihr Leben verändern."

Dieses Buch bietet mit Sicherheit nicht alle Antworten auf all Ihre Fragen und Probleme. Es kann aus meiner Sicht auch kein einzelnes Buch geben, welches alle unsere Fragen und Probleme beantwortet. Viel zu verschieden und vielfältig sind wir Menschen und unsere jeweiligen Lebenssituationen. Einige werden mir hier widersprechen und behaupten, dass es natürlich Bücher gibt, wie zum Beispiel die Bibel und den Koran usw., die Antworten auf jede Frage und für jeden bereithalten.

Es mag für einen Teil der Menschen ja zutreffen, dass sie in diesen Büchern die Antworten für sich finden. Jedoch sehe ich im täglichen Weltgeschehen leider auch viele „Fehlinterpretationen" dieser Bücher.

Mein Tipp: Lesen Sie eine Vielzahl von Büchern mit unterschiedlichen Interpretationen, „googeln" Sie im Internet, suchen Sie Rat bei Freunden und gehen Sie bei wirklich wichtigen Dingen auch einmal zu einem professionellen Berater. Dann sind Sie mit Sicherheit fit für die richtigen Entscheidungen in Ihrem Leben. Warum sollten wir uns nicht alle heutigen Informationsquellen zunutze machen, die uns zur Verfügung stehen? Aber – und das ist das Entscheidende – die endgültige Entscheidung für oder gegen etwas, die sollten wir stets selbst treffen!

In der heutigen Zeit ist für Sie alles möglich, Sie müssen sich nur noch entscheiden. Lassen Sie es nicht zu, dass andere über Ihr Leben bestimmen.

„Treffen Sie Ihre eigenen, bewussten Entscheidungen!"

Verantwortung

Wenn Freunde oder Bekannte einen um Hilfe in einer Angelegenheit bitten, hat man meist schnell einen guten Ratschlag parat. Es fällt uns meist leicht, hier entsprechende Tipps zu geben. Geht es aber um unsere eigene Situation, bin ich also in irgendeiner Form selbst betroffen, ja dann fällt es mir auf einmal gar nicht mehr leicht, mir einen Rat zu erteilen.

Warum dies so ist, ist leicht erklärt und nachvollziehbar. Für die Konsequenzen, die sich aus meinen Ratschlägen für andere ergeben, bin ich ja nicht verantwortlich. Doch die Umstände und die Sichtweise auf Entscheidungen ändern sich zumeist schlagartig, wenn ich persönlich involviert und betroffen bin. Setze ich mich in ein Flugzeug, in einen Zug oder bin Beifahrer in einem Fahrzeug, gleich ob ein Auto oder ein Motorrad, gebe ich die Verantwortung ab. Ich vertraue auf die, die diese für mich übernehmen. Dass dieses Vertrauen nicht immer gerechtfertigt ist, zeigen die jeweiligen Statistiken.

Bei einer Werbeveranstaltung eines größeren Automobilzulieferers ergab sich für einige Gäste die Möglichkeit zu einer Fahrt mit einem Ferrari. Sind Sie schon einmal in einem Ferrari mitgefahren? Was für eine Gelegenheit, wer hätte da Nein gesagt? Ich nicht!

So nahm auch eine junge Angestellte die Gelegenheit wahr, sie vertraute dem Fahrer, der die Verantwortung übernahm. Dieser Fahrer fühlte sich anscheinend von der jungen Dame stark motiviert und drückte auf einer regennassen Schnellstraße so stark auf das Gaspedal, dass der Wagen sich mehrfach überschlug und beide an diesem Tag ihr Leben verloren.

Beide waren noch sehr jung ...

Selbst die als absolut sicher geltende Schwebebahn in Wuppertal wurde vor einigen Jahren durch eine Verkettung von unglücklichen Umständen zum Schicksal einiger Fahrgäste.

Was sollen wir also tun? Nicht mehr aus dem Haus gehen? Nicht mehr reisen?

Mit Sicherheit nicht!

In unserer Welt müssen wir vertrauen – und natürlich auch einmal etwas riskieren. Frei nach dem Motto „No risk, no fun", sprich: Ohne Risiko kein Vergnügen.

Riskieren Sie jedoch nicht jedes Mal gleich dabei Ihr Leben!

Entscheiden Sie bewusst selbst, welches Risiko es Ihnen wert ist, es einzugehen, und welches nicht.
Sobald ich am Steuer eines Autos sitze und am öffentlichen Straßenverkehr teilnehme, habe ich die Verantwortung für mich, für die, die mit mir fahren, und für die anderen Verkehrsteilnehmer, denen ich begegne. Stellen Sie sich einmal vor, es gäbe keine Regeln im Straßenverkehr. Jeder würde fahren, wie es ihm gerade einfällt und wie er gerade so drauf ist. Abgesehen davon, dass es gesetzlich nicht erlaubt ist, ich trinke nun einmal nicht, wenn ich am Steuer eines Fahrzeuges sitze. Ich nehme Rücksicht auf andere, fahre defensiv und bin mir meiner Verantwortung bewusst!

„Ich übernehme so Verantwortung."

Wenn ich dies nicht nur im Straßenverkehr, sondern in all meinen Lebenssituationen berücksichtige, werde ich mit Sicherheit nicht so schnell in Situationen geraten, in denen ich mich falsch entscheide. Fahre ich rücksichtslos, gegebenenfalls auch noch unter Alkoholeinfluss, verursache ich eventuell einen schweren Unfall, bei dem ein anderer Mensch verletzt wird oder sogar ums Leben kommt. Wie soll ich da am anderen Morgen noch mit einem ruhigen Gewissen in den berühmten Spiegel schauen? Nur wenn ich kalt, skrupellos und ohne Gewissen wäre, würde mir dies vielleicht nichts ausmachen. Da aber 99 Prozent der Menschheit dies nicht sind, sollten wir immer sehr sorgsam und wohlüberlegt mit unseren Entscheidungen und dem daraus resultierenden Verhalten umgehen.

„Entscheiden heißt auch Verantwortung übernehmen."

Vielfach entscheiden wir uns nicht und wenn doch, dann meist sehr ungern. Warum? Wir befürchten, für unsere Entscheidungen zur Verantwortung gezogen zu werden. In der Arbeitswelt, gleich in welchem Geschäftsfeld oder bei welcher Tätigkeit, gibt es Personen, die Verantwortung übernehmen, und solche, die sich davor drücken. Gleich in welchem Umfeld Sie tätig sind, gleich welcher Arbeit Sie nachgehen, Entscheidungen fallen immer an.

Zu welcher Kategorie zählen Sie?

Entscheider oder Nichtentscheider?
Macher oder Hinterherläufer?
Fuchs oder Hase?

Natürlich gibt es Tätigkeiten, bei denen Sie weisungsabhängig sind, aber auch hier gibt es Situationen, in denen Sie Entscheidungen treffen müssen.

Lassen Sie nicht immer andere entscheiden! Entscheiden Sie selbst und übernehmen Sie die Verantwortung für Ihre Entscheidungen. Vertreten Sie Ihren Standpunkt und begründen Sie ihn mit Ihren Argumenten. Je öfter Sie entscheiden, je häufiger Sie dabei richtige Entscheidungen treffen, umso selbstbewusster werden Sie werden.

Übernehmen Sie Verantwortung und entscheiden Sie selbst!

Positiv

Positiv, positiv und
noch einmal positiv ...

Wer von uns beschäftigt sich nicht
gern mit den positiven Dingen in
seinem Leben? So treffen wir alle
lieber Entscheidungen mit positiven Auswirkungen.
Die Frage ist jedoch, wie schaffen wir es in der heutigen, doch so schnelllebigen Zeit, nur gute und richtige
Entscheidungen zu treffen?

Auch bei noch so positiver Lebenseinstellung sollten
wir nicht so weltfremd sein, zu glauben, wir kämen
nur mit einfachen Entscheidungen durchs Leben.
Vielmehr ist es sehr wichtig, immer das Positive fest
im Blick zu haben, damit das Negative nicht „Oberwasser" gewinnt.
Wie so oft ist an alten Sprichwörtern viel Wahres, so
auch an diesem: „Wie man in den Wald hineinruft, so
schallt es heraus."

Sprichwörter hin, Sprichwörter her. Für mich ist es immer sehr wichtig, gleich in welcher Situation, dass ich
vernünftig und fair behandelt werde. Unter vernünftig
verstehe ich einen anständigen Ton, auch wenn das
vermeintliche Problem noch so groß ist. Entsprechend
verhalte ich mich auch meinen Mitmenschen gegen-

über, selbst wenn ein lieber „Miterdenbewohner" einmal aus der Haut fährt und den Wilden spielt …

Okay, lassen wir ihn doch. Was sollte uns dazu bewegen, unsere Nerven für diesen Herrn oder diese Frau aufzureiben? Mir fällt dafür eigentlich kein vernünftiger Grund ein. „Sachlich und korrekt" wird sich am Schluss immer durchsetzen. Sollte Ihnen jedoch danach sein, sich einmal Luft zu verschaffen, auch gut! Nur überlegen Sie dabei immer und entscheiden Sie, ob dies Ihnen die Sache wirklich wert ist. Je ausgeglichener und je entspannter Sie sind, desto klarer fallen Ihre Entscheidungen aus.

Treffen Sie wichtige Entscheidungen nie aus einer stark emotional gefärbten Situation heraus. Außer, jemand, der Sie liebt und den Sie lieben, macht Ihnen gerade einen Heiratsantrag. ☺

Das wäre dann die klassische emotionale Situation, in der zumeist eine positive Entscheidung getroffen wird. Dass auch hier leider nicht immer richtig entschieden wird, zeigt uns die viel zu hohe Scheidungsrate in unserem Land. Aber das sollte Sie nicht davon abhalten, positive Entscheidungen zu treffen, denn wer den Frosch nicht küsst, wird auch nicht erfahren, was dann passiert …

Als ich mit einer langjährigen Freundin telefonierte, berichtete sie mir von dem katastrophalen Zustand, in dem sich ihre Ehe befunden hatte. Schon lange

hätten sie und ihr Ehemann aneinander vorbeigelebt. Als ihr Sohn erwachsen war und seiner eigenen Wege ging, spitzte sich ihre Lage dramatisch zu. Beide hatten einen neuen Partner gefunden, und dies, obwohl sie noch unter einem Dach wohnten.
Die letzten 19 Jahre hatte sie ihren gemeinsamen Haushalt geführt und sich um die Erziehung des Sohnes gekümmert. Es gab hier, im Gegensatz zu den meisten Familien heutzutage, noch regelmäßig selbst gekochtes Essen. Auch die Wohnung war immer tipptopp sauber und liebevoll eingerichtet. Sie hatte so ein nettes Ambiente geschaffen, in dem sich sowohl der Sohn als auch ihr Ehemann lange Zeit wohlfühlten. Hier muss vielleicht noch erwähnt werden, dass ihr Mann die Arbeit seiner Frau nicht im Geringsten würdigte, frei nach dem Motto: Ich muss draußen hart arbeiten und du machst dir zu Hause ein schönes Leben. Sicherlich ist die Arbeit im eigenen Haushalt angenehmer, als wenn ich mich in einem Unternehmen mit meinem Chef und den Kollegen arrangieren muss. Aber ebenso wenig putzt sich ein Haus von alleine, das Essen steht nicht einfach so auf dem Tisch und auch die Lebensmittel kaufen sich nicht von selbst ein. An dieser Stelle könnte ich die Situation noch weiter ausmalen, aber ich möchte hier abbrechen, ohne zu stark Partei für die eine oder andere Seite zu ergreifen. Da nun mal beide, das ist klar, Fehler gemacht haben.

An diesem Beispiel lässt sich jedoch hervorragend aufzeigen, wie schwer es ist, in schwierigen Zeiten Entscheidungen zu treffen. Hier spielen unsere Emotionen eine sehr starke Rolle. Negative Entscheidungen bedeuten in diesem Fall, ich treffe Entscheidungen aus einer Zwangssituation heraus, was ich eigentlich gar nicht möchte.

Da sich die beiden nicht einigen konnten, hätte eine dieser Entscheidungen sein können, sich externen professionellen Rat in Form eines Anwaltes einzuholen.

Auch zeigte sich, dass sich der vermeintlich liebe Sohn nun sehr egoistisch zwischen die beiden stellte und stark seinen eigenen Vorteil verfolgte. Sollte er nun beim Vater im eigenen Haus, in seinem schönen großen Zimmer bleiben oder zur Mutter in eine kleinere Mietwohnung ziehen? Als die Mutter dann noch sagte, er müsse auch etwas zur Miete beisteuern, da sie noch keinen Job habe und von ihrem Mann nur einen kleinen monatlichen Betrag kriegen sollte, fand dies der doch ach so liebe Sohn auf einmal gar nicht mehr so lustig.

Diese Entscheidung, nicht zusammen mit dem Sohn auszuziehen, fällt schwer, aber auch hier ist es wichtig, eine Entscheidung zu treffen, um den nötigen Abstand zum Geschehen zu erhalten. Oft ist einem Außenstehenden die Situation sehr viel klarer, da einfach der nötige Abstand zum Geschehen da ist und man ja nicht persönlich betroffen ist.

Die Folgen negativer Entscheidungen begleiten uns ein Leben lang. Aber oft ist es so, dass wir zum Zeitpunkt der Entscheidung das Gefühl haben, eine negative Entscheidung zu treffen, und erst viel später erkennen wir, dass die vermeintlich negative Entscheidung in Wahrheit doch eine positive für uns und unser weiteres Leben war.

Wenn Sie für Sie negative Wege nicht verlassen, werden Sie nie Ihren Weg ins Glück finden!

Auch bei vermeintlich negativen Entscheidungen gilt der Grundsatz: Erst in Ruhe nachdenken und dann handeln bzw. richtig und konsequent entscheiden.
Sie werden Ihre negativen Gedanken nicht mehr los und möchten sich tiefer mit dem Thema befassen?

Dann empfehle ich an dieser Stelle das Buch „Gedankenverschrottung" des amerikanischen Psychologen Richard E. Petty. Petty beschäftigt sich sehr intensiv mit dem Thema, wie Sie Ihre negativen Gedanken wieder loswerden können.

Und ja, es ist absolut richtig: Wenn ich positiv denke, werde ich mich positiv verändern, natürlich immer nur dann, wenn ich mich auch dazu entscheide!

Ihre Gedanken bestimmen Ihr Leben.
Denken Sie positiv!

> *Leben ist Emotion.*
> *Leben ist Motivation.*
> *Leben ist Entscheiden.*

Sie müssen auf sich achten und sorgsam mit sich und Ihren Gedanken umgehen.
Sie sind der Mittelpunkt in Ihrem Leben, zuallererst muss es Ihnen gut gehen! Entscheiden Sie sich für sich!
Eine Entscheidung für ein glückliches und positives Leben.

Entscheidung

Egal für welche Kasse ich mich im Supermarkt entscheide, ich habe immer das Gefühl, an meiner dauert es besonders lange.

Gehen oder bleiben, rauchen oder Sport treiben, kaufen oder sparen? Was bedeuten Entscheidungen für uns? Warum spielt das Unterbewusstsein dabei eine so entscheidende Rolle? Würden wir ständig bewusst in jeder Situation eine Entscheidung treffen, wären wir nicht lebensfähig und säßen wohl noch weiterhin in unserer Steinzeithöhle. Höchstwahrscheinlich wären wir in unserer Evolutionsgeschichte wohl nicht einmal bis zu dieser besagten Höhle gekommen.

Unser Unterbewusstsein nimmt uns zum Glück eine Vielzahl von Entscheidungen ab: die zu atmen, ein Bein vor das andere zu setzen – wenn wir uns denn dazu entschieden haben, wohin wir überhaupt gehen wollen. Viel lernen wir von anderen, angefangen bei unseren Eltern und unseren Lehrern. Aber irgendwann sollten wir schließlich anfangen, eigenständig zu lernen, zu denken, uns weiterzuentwickeln, und, ganz wichtig: unsere eigenen Entscheidungen zu treffen. Je mehr wir uns mit den Dingen beschäftigen, die uns bewegen, umso vertrauter, umso perfekter werden wir. Bis, ja, bis wir die Dinge im Schlaf beherrschen. Wenn wir sagen, wir beherrschen etwas im Schlaf, sprich mit wenig Konzentration, dann hat unser Unterbewusstsein angefangen, uns viele Entscheidungen abzunehmen.

Ein Jetpilot, ein Hubschrauberpilot oder auch ein Formel-1-Rennfahrer müssen im Bruchteil von Sekunden agieren, reagieren und entscheiden. Sie haben bei der Steuerung ihrer hochmodernen Gerätschaften gar keine Zeit, sich vor jedem Manöver zu überlegen, wie sie gerade ein bestimmtes Manöver auszuführen haben. Alle Abläufe geschehen nahezu automatisch, sprich aus dem Unterbewusstsein heraus. Mit über 300 Stundenkilometer auf der Piste, mit Mach 2 am Himmel, wer erwartet da noch bewusste Entscheidungen?

Wir können viele dieser im Unterbewusstsein stattfindenden Entscheidungen so trainieren, dass aus bewussten Entscheidungen unbewusste werden.
So trainieren wir unsere Reflexe, unser Entscheidungsverhalten und zum guten Schluss entscheiden wir unbewusst richtig. Ein gutes Beispiel hierfür sind auch Boxer oder andere Kampfsportler. Würden sie jedes Mal darüber nachdenken, ob sie einem Schlag ausweichen oder zurückschlagen sollen, würden sie höchstwahrscheinlich nie den Gong nach der ersten Runde hören.

Sicherlich spielt in diesem Beispiel, bei dem wir die Zeit für „antrainierte" Reflexe kaum noch mit einer Stoppuhr messen können, auch die körperliche Verfassung eine wesentliche Rolle, aber letztendlich sind es Entscheidungen, die wir treffen. Wir entscheiden uns, Boxer zu werden, zu trainieren, in den Ring zu steigen, uns einem Gegner zu stellen und – nicht zu vergessen – jedes Mal das Risiko einzugehen, dass jemand anders einen besseren Tag hat, besser trainiert ist, besser reagiert, schneller und cleverer entscheidet als wir.

Aber das ist nicht das Wichtigste an diesem Beispiel, dass Wichtigste ist, dass wir es sind, die sich entscheiden! Wir lassen uns nicht abbringen von unserem Ziel, zu siegen. Wir stehen immer wieder auf, auch wenn wir auf die Nase fallen und vielleicht alles gerade einmal nicht so läuft, wie wir es uns eigentlich vorgestellt und gewünscht haben!

Gerade am Beispiel des Boxers können wir lernen, was es bedeutet, Entscheidungen zu treffen. In diesem Fall die Entscheidung zu boxen und der Wunsch, im Kampf zu siegen. Diese Entscheidung führt dazu, dass wir über uns hinauswachsen und nach einem langen, harten Training auch Schmerzen in Kauf nehmen, damit wir unserem Ziel näher kommen. Dem Ziel, den Ring als Sieger zu verlassen.

„Wenn wir uns für ein Ziel entscheiden, gehen wir unseren Weg."

Zum Glück sind wir „Normalos" nicht jedes Mal gleich gefordert, unsere Gesundheit in einem Boxkampf zu riskieren. Zum Glück nicht!

Aber eines macht dieses Beispiel sehr deutlich: Wenn ich wirklich etwas erreichen möchte, muss ich mich anstrengen, ich muss durchhalten, Arbeit investieren und mich auch gelegentlich von vielleicht ach so lieb gewonnenen Gewohnheiten trennen.

Viele erfolgreiche Sportler sind nach ihrer aktiven Zeit sehr erfolgreich in neuen Berufen tätig. Als Sportler haben sie gelernt, sich auch dann „durchzubeißen", wenn es einmal „weh tut" und nicht alles „rundläuft".

Manchmal stehen wir in unserem Leben vor wirklich schwierigen Entscheidungen …

… geh ich
oder bleib ich?

Welche Ihrer vergangenen Entscheidungen haben dazu geführt, dass Sie sich schlecht fühlten oder – schlimmer noch – Ihnen ein Schaden zugeführt wurde, ganz gleich, ob dieser seelischer oder finanzieller Natur war?
Wenn Sie sich über die schlimmsten Ihrer Fehlentscheidungen Klarheit verschafft haben, notieren Sie diese wieder untereinander auf einem Blatt Papier. Jetzt überlegen Sie zu jedem Ihrer notierten Punkte, welche Situation oder welcher Umstand letztendlich zu der jeweiligen Entscheidung geführt hat.
Als Nächstes überlegen Sie bitte, was Sie aus heutiger Sicht anders machen würden.

Mit diesen gerade angestellten Überlegungen – je nachdem, wie weit Sie diese ausgeführt haben – sind Sie in der Lage, bei zukünftigen Entscheidungen Ihr Risiko einer „Falschentscheidung" erheblich zu minimieren. Gerade bei wirklich wichtigen Entscheidungen in Ihrem Leben, wenn sich die Tragweite einer Entscheidung abzeichnet, gilt einmal mehr der Grundsatz:

„Erst nachdenken, dann entscheiden."

Ja, ja, dies hört sich ja alles gut an bzw. liest sich ja auch ganz nett, höre ich einige sagen. Aber wenn ich vor einer wichtigen Entscheidung stehe, woran erkenne ich immer so eindeutig, dass es sich hierbei um eine wichtige Entscheidung für mich handelt? Und was mache ich, wenn ich noch dazu unter Zeitdruck stehe?

Jeder, der Ihnen sagt, es gibt für jede Entscheidung eine Pauschallösung, der lügt Sie jetzt schon an.

Es gibt nicht für jeden Fall und vor allem nicht für jeden Menschen eine Pauschallösung. Dazu sind wir als Menschen viel zu individuell. Und nun kommt wieder das berühmte „Aber": *Aber* wir können es trainieren, in Zukunft besser und „risikoreduzierter" zu entscheiden.

Ein entscheidender Trick für alles ist jedoch, Ruhe zu bewahren und aus seinem vergangenen Entscheidungsverhalten zu lernen!

Und ganz, ganz wichtig: seine persönlichen Lebensziele kennen!

Sie sollen eine wichtige Entscheidung treffen, aber die Umgebung ist zu laut und Sie können sich nicht richtig konzentrieren? Dann ziehen Sie sich zurück. Dorthin, wo es ruhiger ist, und wenn dies die Toilette ist …

… und da sind wir schon wieder. ☺

Wie schon angesprochen, nutzen Sie Ihre Selbstanalyse, um von Ihren vergangenen Entscheidungen für Ihre zukünftigen Entscheidungen zu profitieren. Nicht umsonst heißt es ja: „Der beste Weg führt über die Selbsterkenntnis."

Als ich eines Abends von einem Kundenbesuch nach Hause fuhr, brachten sie im Radio eine ausführliche Meldung über einen Schulbusfahrer, der „unter Alkoholeinfluss" Schulkinder nach der Schule nach Hause gefahren hatte.
Er fuhr unkonzentriert und auffällig. Die Kinder im Bus reagierten zum Glück richtig und informierten ihre Eltern über Handy. Es dauerte nicht lange und der Bus wurde rechtzeitig von der Polizei gestoppt, bevor etwas Schlimmeres passieren konnte. Es wurde berichtet, dass dieser Mann in seinem Leben wohl schon einige Rückschläge und Misserfolge erlebt hatte. Das Unternehmen, für das er den Schulbus fuhr, hatte ihm aber noch eine Chance geben wollen, um ihm zu helfen, wieder auf die Füße zu kommen.

Diese eine fatale Entscheidung, die Entscheidung, unter Alkoholeinfluss zu fahren und das Risiko einzugehen, andere zu gefährden, brachte diesen Mann wieder in eine Situation, in der er es umso schwerer haben wird, je wieder ein glückliches und zufriedenes Leben zu führen.

Eine einzige falsche Entscheidung kann eine gravierende Konsequenz für unserer weiteres Leben haben, sodass wir umso mehr Zeit benötigen werden, dieses je wieder in die richtigen Bahnen zu lenken.
Sie müssen Ihre Lebensziele kennen, damit Sie Ihre bewussten und unbewussten Gedanken daraufhin lenken können, um sich dann mit klaren Entscheidungen dorthin zu entwickeln.

Wenn Sie all dies berücksichtigen, werden Sie bei Ihren zukünftigen Entscheidungen wesentlich souveräner und vor allem mit erheblich weniger Risiko gute und richtige Entscheidungen für sich und Ihre Ziele treffen.

Die Auswirkungen von Entscheidungen sind mit Sicherheit sehr unterschiedlich und werden von jedem von uns unterschiedlich wahrgenommen und bewertet. So gibt es natürlich Entscheidungen, die wir getrost locker und flockig treffen können, ohne weitreichende Auswirkungen zu erwarten …

Wenn ich mir nun die Frage stelle, ob ich heute ins Kino gehen soll oder nicht, so ist diese Entscheidung leicht und ohne weitere Konsequenzen für mich zu treffen.
Schwieriger wird es da schon, wenn ich von meiner Frau gefragt werde: „Sollen wir heute ins Kino gehen?"
An dieser Stelle empfehle ich den Männern unter den Lesern vorher das Buch von Mario Barth: „Deutsch-

Frau/Frau-Deutsch" (Verlag Langenscheidt) zu lesen ... ☺

Nein, diese Entscheidung betrifft Sie nicht mehr alleine. Denn sagen Sie Nein, könnte Ihre Frau sauer sein, sagen Sie Ja, sehen Sie einen Film, der Sie vielleicht nicht interessiert, und der Abend ist für Sie gelaufen.

Wie sagt man hier so schön: „Zwickmühle". Aber dieses Beispiel zeigt sehr deutlich, dass es Entscheidungen gibt, bei denen Sie das eine oder das andere wählen müssen, mit allen seinen Konsequenzen.
Eine Entscheidung kann selbstverständlich wesentlich komplexer, umfassender und komplizierter sein als in diesem vermeintlich einfachen Beispiel. ☺

Heirate ich sie oder nicht?
Betrüge ich sie oder nicht?
Kaufe ich ein neues Auto oder nicht?
Mache ich Schulden oder nicht?

Es gibt Entscheidungen, die auch Auswirkungen auf andere haben, aber vor allem immer auf Sie!

Was bedeuten Entscheidungen?
Als Frau Käßmann, damals noch Ratsvorsitzende der Evangelischen Kirche in Deutschland, sich nach einem schönen Abend im Restaurant mit etwas zu viel Alkohol im Blut dazu entschied, trotzdem ihr Auto

zu benutzen, und in eine Polizeikontrolle geriet, so wird dies wohl eine Entscheidung sein, die sie so mit Sicherheit bestimmt nicht mehr treffen wird.

Entscheidungen können mitunter ein ganzes Leben verändern und Karrieren beenden.

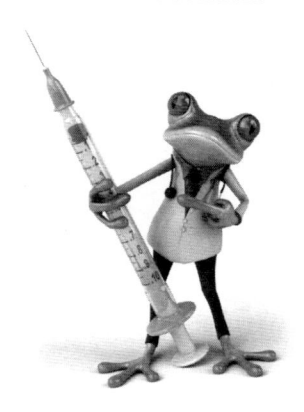

Wie haben wir mit Jan Ullrich gefiebert, wie haben wir Lance Armstrong bewundert.

Wie schnell sich die Dinge ändern können.

Und alles ist von Entscheidungen abhängig. Entscheidungen, die wir treffen, für uns oder gegen uns.

Wir wünschen uns alle Gesundheit, Erfolg und ein langes und glückliches Leben. Und genau dies ist sehr stark von unseren eigenen und gelegentlich auch von den Entscheidungen anderer abhängig.
In der Kindheit treffen unsere Eltern viele Entscheidungen für oder gegen uns. Später müssen wir uns dann mit den Folgen dieser Entscheidungen herumärgern oder wir können uns darüber freuen, dass unsere Eltern uns auf den richtigen Weg mit Ihren für uns getroffenen Entscheidungen gebracht haben. Auch später, wenn wir in der Schule sind oder einen Beruf erlernen, sind wir vielfach von der Entscheidung anderer abhängig

Vieles im Leben ist Ansichtssache und abhängig von der Perspektive, sprich der Lage, in der man sich gerade befindet.
Ja, wir haben es nicht immer leicht mit unseren Entscheidungen. Besonders dann nicht, wenn wir uns die Situation und die Umstände der Entscheidungen, die wir so treffen, näher betrachten.

Bekommen wir zum Beispiel eine Zigarette angeboten, können wir uns entscheiden. In diesem Fall sind wir, sagen wir einmal 14 Jahre alt, ein angehender

Teenager, männlich und möchten den Mädels in unser Klasse mächtig imponieren. Das Testosteron lässt grüßen.
Schon früh stehen wir vor solchen Entscheidungen, die unser Leben maßgeblich beeinflussen können.
Sind wir schon so selbstbewusst und lehnen dankend ab, da wir von einer Karriere als Sportler träumen, oder nehmen wir die Zigarette an, weil unsere Vorbilder coole Typen mit einem Raucherhusten sind?
Sie sind Raucher und Sie glauben nicht, dass Rauchen krank macht? Es macht krank! Treffen Sie eine Entscheidung!

„Ja, ich rauche weiter, weil ich es so entscheide." Oder aber: „Ich höre jetzt auf, weil ich mich für mich und meine Gesundheit entscheide!"

Was wollen wir, wollen wir uns treiben lassen? Von den Entscheidungen und dem Druck anderer leiten lassen, uns unserer Situation ergeben? Oder fangen wir an, die eigene Verantwortung für unser Leben zu übernehmen?

„Entscheiden Sie richtig und entscheiden Sie sich für sich."
Wir werden durch unsere Entscheidungen zu dem, was wir sind. Alles wird zuerst gewünscht, dann ausgedacht, dann geplant und zu guter Letzt umgesetzt. Alles wird entschieden.

Sie entscheiden, was Sie sich wünschen, was Sie denken, was Sie planen, was Sie umsetzen.

Wie war Ihr heutiger Tag?
Welche der heutigen Entscheidungen haben Sie bewusst getroffen? Welche Auswirkungen hatten diese Entscheidungen für Sie, für andere? Würden Sie wieder so entscheiden? Was können Sie aus den heutigen Entscheidungen lernen? Haben diese Entscheidungen Sie Ihren Wünschen und Zielen nähergebracht?

Wenn wir uns unsere vergangenen Entscheidungen und die Situationen, in denen wir sie getroffen haben, noch einmal bewusstmachen, dann können wir daraus vieles für zukünftige Entscheidungen ableiten. In diesem Fall nicht „learning by doing", sondern „learning by experience" (für alle, die es noch mal in Deutsch möchten: nicht „lernen, während wir es tun", sondern „lernen aus der Erfahrung").

Als Aron Ralston im Jahr 2003 mit seinen 28 Jahren alleine in einem Canyon in Utah, in den USA mit seinem Mountainbike unterwegs war, unternahm er auch eine Canyonwanderung im Blue John Canyon im schönen Nationalpark Canyonlands.
Diese Wanderung sollte zu der folgenreichsten und zugleich schwierigsten Entscheidung in seinem Leben führen. Hätte er dies auch nur erahnt, er hätte sich vermutlich nie auf diese Wanderung begeben.

Es kam, wie es kommen musste: Er stürzte bei einer Kletterpartie und klemmte sich den Arm so unglücklich ein, sodass er sich selbst nicht mehr befreien konnte. Er war allein und hoffte auf Hilfe.

Er hoffte fünf Tage lang, fünf Tage bis zur Entscheidung. Dann entschied er sich, sich seinen Arm selbst zu brechen und seine eingeklemmte Hand mit einem Taschenmesser abzutrennen. Er überlebte und schrieb Jahre später ein Buch über sein Erlebtes. Als Spielfilm wurde es verfilmt.

Klar hätte er seine Tour besser vorbereiten können, klar hätte er Freunden sagen können, wo er den Tag verbringen würde ... hätte, hätte, hätte.

Aber auch dieses hätte er entscheiden müssen.

Wir werden ein Leben lang Entscheidungen treffen, treffen müssen.

Achten Sie auf Ihre Entscheidungen, achten Sie auf sich und Ihre Entscheidungen.

Nachtrag

Ich bin es manchmal wirklich leid, immer nur negative Mitteilungen zu hören, zeitweise überkommt einen der Verdacht, dass heute niemand mehr wirklich glücklich sein möchte.

Immer wird nur gejammert, immer nur negative Meldungen in den Medien.
Dabei gehören Misserfolge und Rückschläge zum Erfolgreich-Sein wie das Ei zum Huhn. Ohne Misserfolge und Rückschläge gibt es keinen Erfolg.

Es gibt Menschen, die haben in ihrem Leben wirkliche Schicksalsschläge erlitten, Schicksalsschläge, die eigentlich kein Mensch erfahren sollte. Menschen, die durch eine schwere Krankheit gezeichnet sind. Menschen, die ihre Liebsten verloren haben, Eltern, deren Kinder gestorben sind. Menschen, die Hunger erleiden müssen, und, und, und …

Hier stelle ich mir oft die Frage, wie diese Menschen ihr Schicksal nur meistern und ertragen können. Wo nehmen sie nur den Lebensmut her, um den nächsten Tag zu überstehen? Viele dieser Menschen kämpfen jeden Tag mit sich, mit ihrem Schicksal und dies alles, ohne laut zu klagen. Sie helfen und unterstützen teilweise noch andere, die in einer vergleichbar schwierigen Lage sind wie sie. Oder, nicht zu vergessen, die Menschen, die ihr eigenes Leben zurückstellen und deren Lebensmittelpunkt ist, anderen zu helfen. Die verstorbene Mutter Teresa aus Kalkutta wird für mich persönlich stets als Inbegriff der Nächstenliebe und Hilfsbereitschaft stehen.

Es ist nicht leicht auszudrücken, was ich für diese Menschen empfinde. Diesen Menschen zolle ich meinen ganzen Respekt, meine ganze Achtung. Wir sollten immer genau überlegen, ob die Situation, in der wir gerade persönlich stecken, wirklich so schlimm ist, dass man sich ernsthaft beklagen muss.

Warum wollen wir nur immer eher an das Negative als an das Positive im Leben glauben?

Ein wenig jammern gehört im Leben natürlich dazu, das ist wie das Salz in der Suppe. Aber wir sollten Acht geben, dass das Klagen nicht zu einer schlechten Gewohnheit wird.

Vielmehr sollten wir stärker an das Positive glauben, es in unserem Leben suchen, hervorheben und vor allem festhalten!

Unsere Entscheidungen und Gedanken machen uns aus und sie machen uns letztendlich zu dem, was wir heute sind und auch in Zukunft sein werden.

Wir können uns immer entscheiden, immer!

Gleich, welchen Weg wir gehen, wir kommen alle an einen Punkt, an dem wir uns in irgendeiner Form entscheiden müssen.

Viel wurde geschrieben, viel gesagt, und doch ist es im Grunde immer ganz einfach:
Entscheiden Sie sich für sich und leben Sie Ihre Entscheidungen!

Wie entscheiden Sie?

Schließen Sie jetzt die Augen, kommen Sie einen Moment zur Ruhe!
Folgen Sie nur einem Gedanken und einer Frage: Was bedeutet für mich mein persönliches Glück?

Augen wieder auf!

Seien Sie im Leben nicht naiv und unrealistisch, aber folgen Sie Ihren Wünschen und Ihren Zielen, leben Sie Ihr Leben. Bleiben Sie tolerant und aufgeschlossen, so werden Sie Ihr Glück schneller finden, als Sie denken!

Ich wünsche Ihnen in Ihrem Leben viele glückliche und richtige Entscheidungen.

Ihr
Klaus Rottmann

Bildnachweise/Urheberrechtsvermerk

Julien Tromeur (Seiten 9 bis 147; „Frösche")/Shutterstock

Christos Georghiou (Seite 133; Baum)/Shutterstock

Ralf Juergen Kraft (Seite 74; 2 × Strauß)/Shutterstock

Steyno & Stitch (Seite 51; Katze)/Shutterstock

Daboost (Seite 80; Kanadierfahrer)/Shutterstock

Stockshoppe (Seite 15; Regiestuhl)/Shutterstock

Jule Berlin (Seite 119; Schwebebahn)/Shutterstock

Katharina Wittfeld (Seite 125; Frau küsst Frosch)/Shutterstock